誰でも
再現できる
一生お金に
困らない方法

金のなる本

Sanrin Satoshi
三凛さとし

KADOKAWA

はじめに　お金がないのは、あなたのせいじゃない

この本を手に取ってくださったあなたにとって、お金とはどんなものですか？

『金のなる本』というタイトルのこの本を読んでいる時点で、おそらくお金に関して多かれ少なかれ悩みをお持ちなのではないかと思います。

「なくて困っている」あるいは「あればいいなと思っている」でしょうか？

実はその意識こそが、あなたをお金から遠ざけているのです。

というのも、どちらの意識も「お金に縁がないこと」を前提としているからです。

「前提」というものは、とても大切だと私は思っています。

例えば何かをしようとしたとき、特に初めてのことにチャレンジしようとしたとき、「自分にはできる」を前提とするか、「自分には無理なんじゃないか」を前提とするかで、意欲も取り組み方もまったく違ってきませんか？

「自分にはできる」を前提にしていたならば、可能な限り情報を集めるでしょう。す

でに同じチャレンジをした人の体験談を直接聞いたり、インターネットや本で調べたりして、成功のための対策を立てるはずです。

やり方を熱心に調べ、成功に至るまでのプロセスを考え、協力者を探し出すことで、成功する確率は上がるでしょう。

一方で、「自分には無理なんじゃないか」を前提とした場合はどうでしょうか。

「どうせ無理」が先に立つので熱が入りません。そもそも、すでに成功した人の話を聞こうなんて思いつかないし、どうやったらうまくいくかのプロセスを考えることもしないのではないでしょうか。


お金についても同じことが言えます。

しかし、多くの人はその事実を認識していません。

「給料の安い会社だから、貯金ができなくても仕方ないだろう」

「老後資金も満足に貯められそうにない」

「したくなくても借金しないと生活できない」

「独立したって、どうせうまくいかないだろう」

「私がお金持ちになんて、なれるわけがない」

と思ってしまっています。

つまり、「こうした経済状態になるのは当然で、私の人生はこのままだ」が前提になっているのです。

それは、とんでもない大間違いです！

そう声を大にして、皆さんにお伝えしたいと思います。

前提を変えることができれば、その後の自分の言動が大きく変わります。この場合の「変わる」とは、「プラスの方向に変わる」ということです。

そもそも「自分の金銭状況はこの程度」と無意識のうちに思ってしまっている人は、自己肯定感が低い傾向があります。

「自分はこの程度。だから、この程度の給料で我慢するしかない」と、根拠もないのに不当に自分を貶《おとし》めているのです。

そうした人が「自分はこういうやり方で、自分でお金を作り出す！」と覚悟を決めたとたん、自分に対する自信が生まれて自己肯定感が高まり、ものごとがうまく回り出すことも少なくありません。

なぜかと言うと、無意識のうちに心の中に作られていた「お金のメンタルブロック」が外れたからです。

お金が手に入らない、お金を貯められない、仕事の成果が上がらない……そうした人生の問題が起こる原因は、その人の努力不足や力不足ではなく、心の奥の「メンタルブロック」であることが少なくありません。

実はこの「メンタルブロック」があなた自身を不当に貶め、「どうせ大金なんか手にできるはずがない」と思わせている〝張本人〟と言えるのです。

特に日本人には清貧を尊び、お金を「汚いもの」と見なす傾向があります。お金を稼いで裕福になることは「悪いこと」という先入観を、社会や家族から植えつけられています。それは「洗脳」と言えるほどのものです。

お金を稼ぐことや、お金を貯めることに対して、自分自身の心がブレーキをかけてしまうのです。

もしも一生お金に不自由したくないのであれば、メンタルブロックを解除して、お金に対する前提を変えることが重要です。

そうして人生を好転させた人を、私はたくさん見てきました。

かく言う私は、ライフコーチとしてクライアントさんの人生のさまざまな悩みに寄り添い、解決のお手伝いをする仕事をしています。

初めての著書であり、親子問題をテーマとした『親子の法則』（KADOKAWA）は6万部を超えるヒットとなりました。

『親子の法則』でも一部お金の問題に触れており、そこへの反響が大きかったことや、クライアントさんからの相談の8〜9割がお金に関連していることから、2冊目の本のテーマとして「お金とメンタル」を選びました。

本文内で詳しくご紹介しますが、お金のメンタルブロックが作られる大きな原因の1つが、幼い頃に受けた親の言葉や行動なのです。

私自身、以前は自分の心の中にお金のメンタルブロックがあって、それが原因で仕事がうまくいかないことに気づいた経験から、積極的にコーチングやメンタルトレーニングを受けるようになったという経緯があります。

そして、自分の人生に満足している人はお金が潤沢に回っており、逆に満足していない人はお金で苦労している傾向が高いことがわかったのです。

このことから、お金回りや年収はいわば「大人の通信簿」と表現できるのではないかと考えるようになりました。

私も金欠に苦しんだ日々がありましたが、試行錯誤しながら、「通信簿の成績」を上げるよう努力してきました。その経験を活かして、自分と同じように悩んでいる人の役に立ちたいと考えるようになったのです。

そうして約10年間のコーチング現場で培った知識をSNS等で発信するようになった結果、現在のSNSのフォロワー数は累計40万人を超えています。


これまでオンラインを含めると、のべ15万人以上の方々にコーチングを提供してきましたが、その中には「お金のメンタルブロックが外れて人生が好転した！」と答えてくださった方が大勢います。

なぜそうなるのか。お金のメンタルブロックを外すことは、病気の治療で言うところの「根治療法」だからです。

例えば、頻繁な頭痛に悩まされている場合、鎮痛剤を飲むといったんは治まりますが、また繰り返します。頭痛の根本的な原因を取り去っていないからです。

そのため、「頭痛→鎮痛剤の服用→いったん治まる→また頭痛が起こる」というループに入り込み、いつまでも頭痛からは解放されないのです。

お金に関しても同じことが言えます。

転職や副業、投資など具体的な収入アップ法を紹介する本はたくさんありますが、書いてあるとおりにやってみても「うまくいかなかった」という声を私は数多く聞いてきました。

それもそのはず、お金に関する「メンタルブロック」という根本的な原因を見過ごしているからです。

お金のメンタルブロックが外れていない限り、どこかで必ずつまずきが起こります。

では、お金のメンタルブロックが外れたら、どんな現象が起こるのでしょうか。

体験者の方々の声をご紹介しましょう。

「嫌でたまらなかった会社を辞めて転職したところ、労働環境が劇的によくなりました。仕事が楽しく感じられるようになり、年収も3倍以上になるなど、いいことずくめです」

「人生で初めてお金と真摯《しんし》に向き合えるようになり、無駄遣いをやめられるようになりました。おかげで1000万円の貯金ができ、自分に対する信頼感が持てるようになりました」

「独立して以来、いつも集客に苦労していましたが、メンタルブロックが外れたおかげで売り上げが10倍以上になりました」

このようなうれしいお知らせが頻繁に飛び込んできます。

少々失礼な言い方になってしまいますが、その方たちにひときわ秀でた才能があったというわけでは決してありません。

メンタルブロックが外れてお金に対する前提が変わった結果、自分の本音にきちんと向き合うことができるようになり、「お金の正のスパイラル」に入ることができただけなのです。

その結果、貯められなかったお金が貯まり始めたり、より多く稼げるようになったり、お金を増やしていけるようになったりします。

そして、「一生、お金には困らない！」と確信できるようになったり、自分には一生縁がないと思っていた経済的自由人になれたり……など、想定外のミラクルが起こってくるというわけです。

「自分は変われる」ということを信じられさえすれば、これらは誰にでも再現できることです。

そんなミラクルを、この本を通じてぜひ体験してみてください。

第1章

お金が貯まらない、稼げない、増やせない理由

第2章 「お金のメンタルブロック」はこうして作られる

第3章

自分の力で「富」を生み出す時代がやってきた！

第4章

メンタルブロック解消！ お金の悩みがなくなるワーク

第5章

理想の豊かさを生み出す体質になれるワーク

第6章

「お金持ちの未来」に向けて一歩を踏み出そう

ブックデザイン　鈴木大輔・仲條世菜（ソウルデザイン）
本文DTP　阪口雅巳（エヴリ・シンク）
カバー・本文イラスト　大野文彰
構成　堀 容優子
校正　相馬由香
編集　河村伸治

第1章

お金が貯まらない、稼げない、増やせない理由

お金で苦労するのは「メンタルブロック」が原因

「なぜ、私はお金に縁がないのだろう」

「どうしてあの人に比べて、自分にはお金がないのだろう」

など、お金に関して不満や不安を持っている人には共通点があります。

それは、「メンタルブロックがかかっている」ということです。

メンタルブロックとは、私たちの心の中に無意識のうちに形成される目に見えない障壁のことです。心理学では「内部抑制」(internal inhibition)とも呼ばれるこの現象は、自身の行動、思考、可能性に制限をかけ、感情にネガティブな影響を与え、しばしば目標達成や個人の成長を妨げる要因となります。

メンタルブロックは、過去の経験、トラウマ、固定観念、自己に対するネガティブな評価など、さまざまな要因から生じます。

「自分には無理だ」「お金を持つことは悪いことだ」「成功するのは一部の人だけだ」といった否定的な信念や思い込みは、典型的なメンタルブロックの例です。これらのブロックは自己肯定感を低下させ、新たな挑戦や変化を避けようとする傾向を生み出します。

結果として、個人の潜在能力の発揮を妨げ、人生の重要な機会を逃す原因となることがあります。メンタルブロックを認識し、それを克服することは、より充実した人生を送るための重要な一歩となるのです。

メンタルブロックはさまざまな場面で顔を出します。

何かやりたいことが思い浮かんでも、「やっぱり自分には無理なのではないか」とあきらめてしまったり、準備まではスムーズにいくのにどうしても最初の一歩が踏み出せなかったりするのは、メンタルブロックの影響です。

あなたの周りには、能力は十分にあって「あの人ならば、それくらいのことは楽にやれるだろう」とか「これをチャンスに大きく成長していくだろう」と思われるのに、なぜか途中で頓挫《とんざ》してしまう人はいませんか?

そうした人も、メンタルブロックがかかっている可能性が高いです。

資質もあり環境も整っているのに、本人のやる気が出なくて本気になれなかったり、途中で「もうできません」とあきらめたりするようになっていきます。

メンタルブロックを端的に説明したいときによく使われるのが、「エレファント・シンドローム」という概念です。

サーカスなどで象を手なずけようとするときに使われる手法で、象がまだ幼いときに逃げ出せないように木などに何日間かつなぎます。子象はつながれるのを嫌がって最初は暴れますが、木を引っこ抜くほどの力はないので、数日たつとあきらめるのだそうです。

そして、この経験から「つながれたら逃げられない」と学習し、大人になって十分な力をつけてからも、その〝思い込み〟を捨てることができず、人間に対して従順になるというのです。

メンタルブロックのある人の思考パターンは、これと一緒です。

主に成長過程で刷り込まれた、親をはじめとする周囲の大人たちの発言・行動によって、「自分にできるはずがない」「自分には能力がない」と学習してしまい、それが強固な「誤った思い込み」となってしまっているわけです。

この誤った思い込みがあると、成長のチャンスが訪れたとしても、それを踏み台にするどころか、失敗を恐れるあまり怖くなって逃げ出すというパターンが定着するようになります。

一度培われてしまったメンタルブロックは、時間の経過とともに強固な思い込みになっていくので、打ち壊すのは容易ではありません。

それどころかチャンスが巡ってくるたびに、思い切って挑戦できなかった事実が負の記憶として残り、「自分はなんてダメなんだ」と自己評価をますます下げ続けていくことになります。

このように、人生が思いどおりにならない原因がメンタルブロックなのです。

メンタルブロックの有無をチェックしてみよう

あなたにメンタルブロックがあるかどうか、さっそくチェックしてみましょう。

この本はお金がテーマなので、お金に関するメンタルブロックがチェックできるよう設問を工夫しました。

次の項目に対して、「はい」か「いいえ」で当てはまるほうを○で囲んでください。

①預貯金の額が、ある一定の額以上にならない（はい・いいえ）

②仕事が嫌いだ、仕事をしたくない（はい・いいえ）

③毎月、給料日前になると赤字になる（はい・いいえ）

④払うべきお金の支払いを後回しにしがちだ（はい・いいえ）

⑤欲しいものがあっても「欲しい」と言えない（はい・いいえ）

⑥自分が本当はどんな生活をしたいのかわからない（はい・いいえ）

⑦やりたいことができないのは、お金がないからだ（はい・いいえ）

⑧ 自分の収入は、この程度でも仕方ないと思う（はい・いいえ）
⑨ お金持ちが嫌いだ、お金持ちを見るとムカつく（はい・いいえ）

いかがでしょうか？　どれか当てはまる項目はありましたか。

これらの項目はメンタルブロックがある場合に生じる現象です。

もし1つでも当てはまっていれば、あなたにはお金に関するメンタルブロックがあります。それがあなたの足かせとなって、お金に関する不安や、満足できるほどのお金が得られない原因となっている可能性は極めて高いです。

また、当てはまる項目が多ければ多いほど、強いメンタルブロックを持っている可能性があります。

では、それぞれの現象がどうやって形作られるのか、ご説明していきましょう。

① 預貯金の額が、ある一定の額以上にならない

かつて私自身もそうでしたが、ある一定の額までくると、それ以上は預貯金の額を増やすことができない人がいます。

私の経験も含め、これまで多くのクライアントさんを見てきた限りでは、そのボーダーラインは100万円あたりであることが多いです。

100万円という金額はキリのいい単位だからかもしれません。貯金が増えない人は、「一応、100万円は貯めることができた」という安心感から、気が緩んでしまうのでしょう。

「何はともあれ、100万円は貯めることができた。必要最低限の蓄財ができたから、あとは好きにしてもいいんじゃないか」となるわけです。

その要因となっているのは、幼少期に刷り込まれた価値観の影響により、1つ目が「100万円を大金と認識している」こと、2つ目が「自分にはそれ以上の大金は持てるはずがない」と無意識のうちに思ってしまっていることです。

確かに、100万円は「まとまった金額のお金」ではあります。100万円をまったくためらわずにポンと使える人は少ないでしょう。

とはいえ、「大金」と呼べるほどの額でしょうか。「ちょっとした金額のお金」ではありますが、「大金か」と問われると、そこまでではないと思いませんか？

一昔前ならいざ知らず、今どき100万円で何ができるでしょうか。子どもの私立

大学の初年度納付金にも足りないくらいです。家族で海外旅行に何度も行けるわけでもありません。

インフレの今、１００万円の価値はコロナ禍前に比べて明らかに下がっています。

その１００万円という金額を「大金」と認識していること自体が、あなたの心にあるお金のメンタルブロックの存在を端的に示していると言えるのではないでしょうか。

この「１００万円は大金だ」という認識が、「それを超えるようなお金を自分が持てるはずがない」という思い込みを作り出します。

人によってこの閾値《いきち》は変わりますが、預貯金が一定額に達したときにそのブロックが発動し、無意識のうちに「これ以上は無理だ」と、貯金できたはずのお金を使ってしまうような行動に出るわけです。

② 仕事が嫌いだ、仕事をしたくない

実際、今の日本にはこうした考えの人が多いと思います。

仕事は生活費を稼ぐためのもので、そのためにやりたくもないことをやって、一日の時間の大半を削り取られているという、被害者的な感覚がベースにあるのでしょう。

行きたくもない場所に行き、会いたくもない人たちと顔を合わせ、嫌な上司に突き上げられ、根性の悪い同僚にチクチク言われ、やりたくもないことを「やらされている」という感覚でしょうか。

オランダのランスタッド社の調査（２０１９年）によると、日本は「仕事に対して満足」と回答したのは42％で、34の国と地域の中で最下位。また、アメリカのギャラップ社の調査（２０２３年）によると、「熱意あふれる従業員」と自ら回答したのはわずか６％で、日本はおよそ１４０の国のうち最低レベルでした。

仕事に対してネガティブであることのもう１つの要因として、今の仕事に対して夢

が持てないということもあるでしょう。そもそも好きな分野や職種ではなかったけれど入社試験に受かった会社がそこしかなかったとか、内定をもらった中でいちばんマシと思われる会社に入っただけということもあるかもしれません。

実は、私もそのタイプでした。大学を卒業したらサラリーマンになるしかないと思っていたのです。

今でこそ、こうして人様のお金の悩みを解決するお手伝いをしていますが、当時は「お金」と聞くと「自分には関係ない」と拒絶するような人間だったので、就職活動では銀行や証券会社は最初から除外していました。

勤め人には「やらされている」という思考パターンの人が多いのではないでしょうか。こういう人は「仕事はつらくて厳しいもの」「給料は生活をしていくための我慢料」といったメンタルブロックを持っています。

こうした思考パターンの人には、親が長時間労働・低収入のため経済的に困窮した家庭で育った人が少なくありません。

親がどんなに身を粉にして働いても貧困から抜け出せなかった姿を見続けると、仕事や労働に対して否定的なイメージしか持てなくなる可能性が高いのです。

特に共働きの場合、親と一緒に過ごしたい幼少期にそれがかなわず、寂しい思いをしたことなどが重なると、そのイメージはよりいっそう強くなりがちです。

仕事や労働に対するマイナスのイメージを持ち続けたままでは、満足のいくお金を手にすることは難しいと言わざるを得ません。

③ 毎月、給料日前になると赤字になる

お金があればあるだけ使ってしまい、それでも足りないという人も数多く見られます。実際、２０２４年の連合総研による調査では、過去1年間における家計の収支について、25・8％の世帯が「赤字」であると回答しています。

このタイプの人は、「お金の管理がうまくできないんですよ。そもそも薄給だし」と言い訳するのですが、実は本当の原因はそこではなく、別のところにあります。

表向きは単なる「お金の管理ができない人」ですが、その奥にあるのは「何かから逃げたい」という思いだと私は思います。

自分の心の中の寂しさや虚しさなど、埋めようとしてもなかなか埋められない部分を、お金を使うことで埋めようとしているのです。

お金を使うことはストレス発散になります。

なぜなら、お金を使うと高揚感が生まれるからです。さほど多額のお金でなくても、必要最低限の生活費以外のことにお金を使うと非日常的な感覚を覚えます。

これが買い物依存症をはじめとする、無駄遣いがやめられない理由です。けっきょくのところ、衝動的にお金を使ってしまうのは、ストレスの元があるからです。

さらに言えば、浪費癖の原因となるストレスの奥には、幼い頃に刷り込まれた親からの影響があります。幼少時代に親がお金のことで争いをする姿を目にしたとき、子どもには「お金こそが両親の不和の原因だ」「お金は人と人との争いを生むものだ」というネガティブなイメージが定着します。

そして成人後、自分がお金を手にしたとき、深層心理で「そのお金を一刻も早く手放さなければならない」と認識してしまうのです。

なぜ買い物依存症になるかと言えば、その目的が買い物自体ではなく、お金を自分の元からなくすことにあるからです。

もし毎月赤字になっているのであれば、あなたにはそこまでしてお金を使い果たさなければいられないほどの、メンタルブロックがあるということです。

④ 払うべきお金の支払いを後回しにしがちだ

健康保険料や年金保険料、税金などは、会社員であれば給与天引きされますが、フリーランスの人は自分で引き落としの手続きをするか、市役所の窓口やコンビニなどで専用の支払い用紙を使って払わなければなりません。公共料金も同様です。

いまどき窓口で現金払いとなると、それにかかる時間がもったいないと思ってしまいますが、「あえてキャッシュ、あえて窓口での支払い」を好む人もいます。

また、中にはクレジットカードを使うと否応なく一定期日にお金が引き落とされてしまうからという理由で、あえてオンラインショッピングでの支払いをコンビニ払いなどにする人も存在します。

それとは逆に、お財布から「現物としてのお金」が減っていくことが怖くて、何でもクレジット払いにしてしまう人もいます。買い物をした分のお金が、財布からなくなるか銀行口座からなくなるかの違いだけで、けっきょくは「その分のお金は減る」のに、目の前から消えなければ、それは「なかったこと」にできる、という思い込みがこの人たちの考え方です。

こうした人たちには、往々にして税金や公共料金など、必ず払わなければならないお金の支払いを後回しにする傾向があります。

その根本にあるのは、「お金の現実を直視したくない」という思いと、「お金を減らしたくない」という執着心です。これらがメンタルブロックとなって、必要な支払いをするのを妨げているのです。

定期的にやってくる税金等の支払いを後回しにすると、払っていない期間の延滞税がつくだけでなく、次から次へと支払いが押し寄せてきます。

それが怖くてますます現実を見ない、という悪循環に陥っていきます。

⑤欲しいものがあっても「欲しい」と言えない

過剰なほどに遠慮深い人がいます。こうした人は「お祝いに何かプレゼントさせて」と言われてもかたくなに断ったり、フリーランスや自営業者など自分で価格設定する立場の人であれば、驚くほど安い単価をつけたりします。

このタイプの人たちに共通していることが2つあります。1つ目はお金を受け取ることに対する罪悪感、2つ目は「自分はそれを受け取れるほどの人間ではない」という自己肯定感の低さです。

相手の好意を素直に受け取ったり、自分の価値を自分自身が認めたりすることができないのです。

そうなると、「あの人、どうしてあんなに遠慮するのだろう」と思われたり、「実力のある人なのに、どうしてこんなに安い金額をつけるのだろう」と不思議がられたりして、うまくいくはずの人間関係もお金回りもうまくいかなくなってしまいます。

過剰な遠慮は、「あの人は私のことが好きじゃないから、好意を受け取ってくれないのかな」という誤解にもつながりますし、安すぎる単価は「本当は実力がないいんじゃないか」「あまり品質がよくないのかも」という憶測を生みかねません。

こうした人には「自分には値しない」という強い自己否定感があります。

「自分はダメだ」が強力なブロックになっているので、チャンスをつかもうとしかけると怯《おび》えが先立ち、けっきょく、いつもの「ダメな自分」から抜け出せません。

自己肯定感が低くなってしまう要因は、親からの言動に加えて、日本ならではの教育環境も影響していると考えています。この点については、次章以降で紹介します。

「自分はダメだ」というメンタルブロックがいつどこで作られたのかを思い出し、それを1つずつ解消していく方法も、本書の後半で詳しくお伝えします。

⑥ 自分が本当はどんな生活をしたいのかわからない

「もっとお金があればいいのに」「お金があったらこんなことはしていない」と言う割には、「じゃあ、お金があったら何がしたいの？　どんな生活をしたいの？」という問いに答えられない人が少なくありません。

「お金が欲しい」と言いながら、では実際にお金があったら自分はどんなことに使うのか、実現させたいものは何なのか、どういう生活をしたいのかというところが、まったくイメージできていないのです。

その原因は「自分はお金を持てるはずがない」というメンタルブロックにあります。幼少期に育った環境などによって、無意識のうちに「自分＝お金がない人」という立場から変化することはない、と確信を持ってしまっているのです。

無意識のうちに自分の中に限界を設定してしまい、それを超えた自分を想像できなくなっている状態です。

だから口では「お金が欲しい」と言いつつも、そもそも自分に大金が持てるとは思っていないので、具体的な生活が思い描けないのも無理はありません。

⑦やりたいことができないのは、お金がないからだ

こう考える人も、いざお金が手に入ったときに何をしていいかわからなくなる可能性が高いです。というのも、人間は誰しも、本当に心の底からやりたいことがあるならば、「何とかしてしまう」生き物だからです。

私の知る成功者と呼ばれる人の中には、「この分野ならば自分は第一人者になれる！」と確信できたときには、ためらわずに借金をして事業を興し、がむしゃらに突き進んだという人がたくさんいます。

少し厳しい言い方になってしまいますが、本当にやりたいことが出てきたら、人はお金が云々などと言っている暇もなく、どうすればそれが実現できるか頭と体をフル回転させて、その目標に向かっていくのではないでしょうか。

たとえ手持ちのお金がなかったとしても、仕事をかけ持ちして収入を増やすとか、出資者を見つけてお金を出してもらうなど、何とかして必要なお金を工面して実現させようとするはずです。

だからこそ、「お金がない」を理由にしている人は、やりたいことに対してそれほど本気ではないと私は思ってしまいます。

本気になれない根本的な理由もあります。それは「お金がないという理由で、人生の目標を見つけることを先延ばししたい」という思いです。

目標設定をしてそれに向かって進んでいくには、退路を断つような「覚悟」や、自分を律して邁進《まいしん》していく「意志の強さ」が必要になります。

その覚悟をするだけの強さが自分にないことに無意識のうちに気づいているから、「お金がない」を理由にして自分がすべきことを先延ばしにしているのでしょう。

また、子どもの頃から親に「あれもダメ」「これもダメ」と制限をかけられているうちに「自分は何もできない」という無力感ばかり感じるようになり、本当の自分の望みがわからなくなってしまうケースも少なくありません。

⑧自分の収入は、この程度でも仕方ないと思う

「自分の収入はこの程度だろう」と思ってしまうのは、収入を上げるイメージが持てないことが原因です。

自分の前提が「お金がない人」になってしまっているのでしょう。同時に、「自分の能力はこの程度」と自分の能力も限定しています。

それゆえに、「収入を上げて裕福になる」という選択肢が思いつかなかったり、無意識のうちに除外したりしているのでしょう。

スキルアップを図って収入増を目指すことを最初からあきらめてしまうのが、このタイプの人の特徴です。

それについて質問すると、「自分の今の月収は20万円なんです。でもスキルアップのためにかかる受講費用が30万円なので無理。あきらめざるを得ないんです」というようなことを口にします。

でも考えてみてください。何百万円という単位ではありません。その気になれば30万円くらい、普通に働いている人ならば1年もすれば貯められる金額ではないでしょうか。あるいは、確実に返せる見込みがあれば、ローンを組むことだって可能なはずです。

そうした選択肢を検討することもなく、「月収を超えるような高額な受講料は払えない」と決めつけてしまうのは、「私はそれ止まりの人間でいい」と言っているようなものです。

このようなタイプの人の心にあるのは、「自分の価値はこの程度だ」と自らの可能性を限定してしまうブロックです。

⑨お金持ちが嫌いだ、お金持ちを見るとムカつく

「お金持ちは悪い人だ」

「お金を使ってチャラチャラ遊んでいるなんて、ろくな人間じゃない」

お金のことで悩むクライアントさんたちにお金持ちのイメージを尋ねると、決まってそんな答えが返ってきます。

「だからお金はそんなにいりません。困らない程度のお金が欲しいだけなんです」と続くわけです。

でも、これは明らかに「刷り込み」です。お金のない人たちが自分たちのプライドを守り、正当化するために考え出した強固なメンタルブロックだと私は思っています。

幼い頃から富裕層への嫉妬心を持つ親などの影響にさらされて育った子の深層心理には、お金持ちに対するネガティブなイメージがしっかりと刷り込まれます。

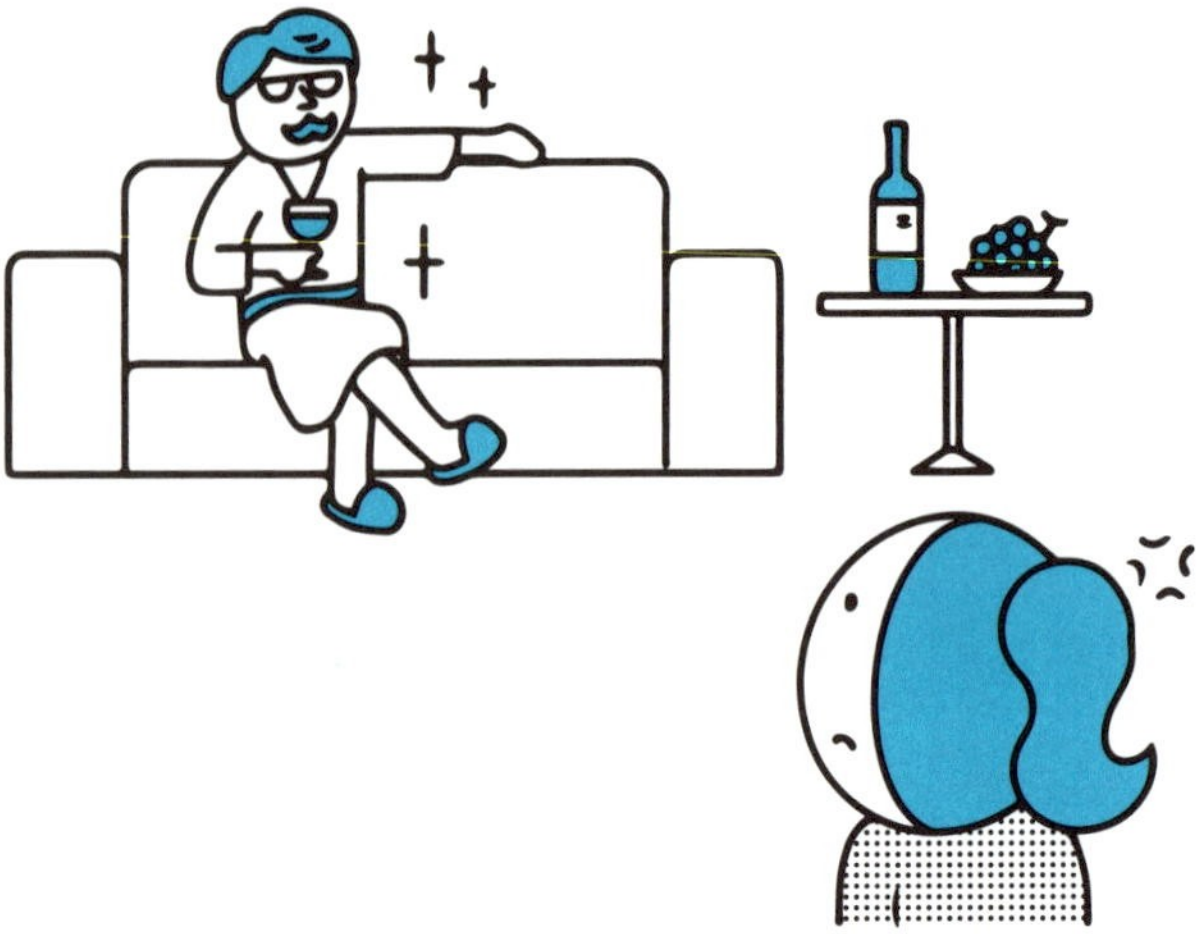

そのイメージは大人になっても心の奥に残り、「お金持ちになったら批判される」「悪いやつだと思われる」といった恐怖心を生み、それがメンタルブロックとなります。そして、「お金のない自分は清く正しく生きている」と思うことができれば、傷つかずに済みます。

また、お金持ちはふんだんにあるお金を使って苦労なく生きているのだから、その分、たとえ嫌われても叩かれても仕方ない存在とも考えがちです。

妬《ねた》みとコンプレックスが入り混じった複雑な感情と言えるでしょう。

多くの人が「お金がない状態」を自ら望んでいる⁉

メンタルブロックのチェックを終え、結果はいかがでしたか？　解説を読んでドキッとした人もいるのではないでしょうか。

でも、それが普通です。安心してください。

ここからは私自身の話を振り返ったり、クライアントさんとの関わりの中で気づいたエピソードを交えたりしながら、メンタルブロックがある人のさらなる特徴をお話ししていきましょう。

お金に関する悩みを持つ人のうち、「私にはお金に対するメンタルブロックがある」と自覚できている人は、心理学の勉強をしたことがある人でもない限り、まずいません。

だからこそ「今、初めて自分のメンタルブロックの存在に気づいた！」という反応は、まったく問題ありません。

現時点で自分のメンタルブロックを自覚できるようになったこと自体、大きな前進です。なぜなら、原因がわかれば対策を立てることができるからです。

今、あなたは「お金がない人」から脱却するスタートを切ったと考えてください。

そしてもう1つ、ドキッとすることを言わせてください。

お金のメンタルブロックがある人は、「お金に対して不安を持つことに安住している」という共通点を持っています。

「そんなバカな！　不安を持つことに安住するわけがない！」と思われるかもしれませんが、これは真実です。

その理由は、「お金の不安を持っていれば、ほかの不安から目をそらすことができるから」です。

一般的に、自分が本当にやりたいことを見つけるのは、とても難しいことだと思われています。実際、「こんなにいい年になっても、まだ自分のやりたいことがわからない」と悩む人は大勢います。

やりたいことを見つけるためには、ありのままの自分を見つめなければなりません。

今の自分が持っているスキルや知識を棚卸しして、それを受け入れることが第一歩になります。

そのこと自体、「苦しい」と感じる人は少なくありません。なぜなら、この作業をしていると「どうして今まで頑張ってこなかったのだろう」と自分の努力不足にベクトルが向きがちだからです。

そのため、後悔の念にさいなまれるのが苦しくて、あえて「目標を持たないようにしている」人は少なくないのです。

そのしんどさから逃れるのに、「お金がないせい」にしておくのは都合がいいことなのです。

もちろん、自分自身と深く向き合わない限り、自分が本当にやりたいことは見えてきません。

「ちょっとやってみたい」くらいのことはいくらでも思いつきますし、実現もできるでしょうが、「これをやらないと生きていけない」ほどのことは、おいそれと見つかるものではありません。

人は変わりたいと思っても、なぜ変われないのか

「変わりたい」と言ってはさまざまな自己啓発セミナーに参加しつつも、一向に変わらない人がいます。

心の底から変わりたいとは思っていなかったり、変わるために行動することができなかったりなど、理由はいろいろありますが、根本的には「人間は変わりたくない生き物だから」の一言に尽きます。

人間の身体には「ホメオスタシス（恒常性、現状維持機能）」という働きがあります。ホメオスタシスとは、私たちが体の外部や内部から変化を受けた場合でも、体温や免疫などの状態が一定に保たれるしくみのことです。

ホメオスタシスの働きは脳がつかさどっているので、当然、メンタル面でも同じように機能します。

脳からすると、あなたの生命を維持するために「変わらないこと」が一番なので、無意識のうちに変化を拒んで同じ状態でいようとする心理が働くというわけです。

先日、いかに「人は変わりたがらないか」を痛感させられる話を聞きました。

知人と約20年ぶりに「久々に食事でもしましょう」ということになったとき、驚きの発言があったというのです。

知人は昔から旅行が好きで、「夫婦二人でしょっちゅう旅行に行くから全然お金が貯まらないの。家を買うお金もなくて」が口癖だったのだとか。ところが20年ぶりの会話でも、「本当にうちは貯金が全然できない家なの。旅行が好きだから。老後資金どうしよう……」という言葉が出てきて、あっけにとられたそうです。

口では「貯金ができなくて困る」と言いながら、まったく行動を変えるつもりがないし、それほど困ってもいないと感じた、と話してくれました。少し極端な例ですが、おそらく「お金がない」という人は似たり寄ったりの言動をしているはずです。

変えたくない・変えられないのは、メンタルブロックによって今の生活パターンに安住し、将来を考えることを後回しにしているからです。

あなたにも「変えたくない何か」はありませんか？　この機会にぜひ考えてみてください。

給与明細を見たときに湧く感情に注目しよう

今、この原稿を書きながら、私自身も20代後半までは「お金持ちになりたい」とは思ってもいなかったし、貧乏な状態から変わろうとはなかなか思えなかったことを思い出しました。

私の生まれ育った家庭は、父と母、私と弟の4人家族でした。父は大手新聞社に勤めるサラリーマンで、母は専業主婦でした。

その後、私が中学1年のときに両親は離婚し、私と弟は母と暮らすことになりました。「養育費が足りない」とこぼす母に代わって、私が父に養育費の交渉をする役目となり、父と母の金銭的な争いの板挟みになる形でした。

そうした両親との関係が、お金に関する強固なメンタルブロックを私の心の奥に作り上げたのだと思います。

その後、私は大学を卒業し、新卒で大手企業のサラリーマンになったもののやりがいを感じられず、「この仕事をあと何十年も続けるのか……」と考えると目の前が真っ暗になり、その状況から逃れたい一心で退職。

ファッションデザイナーになりたいと一念発起し、ニューヨークに渡って大学に入学したものの、「赤貧《せきひん》」と呼ぶ以外にないような生活が続きました。

その後、「何かが違う」と感じ、キャリアプランを見直すためにカウンセリングを受けるようになり、やがてコーチングやカウンセリングを仕事にしたいと思うようになっていくわけですが、当時は金欠状態が普通で、お金のことで余裕を感じたことは一度もありませんでした。

それどころか住む家もなく、人の家のキッチンの天井に取りつけられた1・5m四方くらいの木箱のようなところに、月600ドルを払って寝に帰るだけの生活をしていたのです。

恐ろしいことに、それが自分にとっては「普通」になってしまっており、困窮《こんきゅう》していることに何の疑問も感じずにいました。

ニューヨークは貧富の差がとても激しいので、当時の私のような生活をしている人もいれば、お金持ちの人もたくさんいます。

でも、自分の意識はあくまでも「普通」の側、ネズミと一緒に暮らす側であって、お金持ちの人は自分とはまったく縁のない人だという認識でした。

幼い頃は割と裕福な家で育ってきたのに、一度困窮する側に回ってしまったらなかなか抜け出せなくなり、やがてそれが自分にとっての「普通」になるという、恐ろしい経験をしていたわけです。


ニューヨークに在住当時の私の口ぐせは「お金が足りない」「お金がなくなってしまう」というものでした。

週末にスーパーで1週間分の食料の買い出しをするのに、それをしたらお金がなくなってしまうとか、こんなにお金がなくてどうしよう……といったことに自分の意識が強く向いていました。

お金に対する自分の初期設定が「手元にないもの」「足りないもの」「なくなってしまうもの」になっていたのです。

それがそもそもの間違いだということに、やがて私は気づくのですが、「手元にない」「足りない」「なくなってしまう」は、お金の悩みを持つ人に共通した口ぐせだと感じます。

今、私はお金の悩み相談を受ける立場なので、クライアントさんたちに「お金がないと言わないようにしてくださいね」とアドバイスしています。

そのため、私の前では皆さんその言葉を口にしませんが、なかなかすぐには意識が変わっていかないようです。

それが端的に表れるのが、あるワークをするときです。

私の目の前で給与明細を見てもらい、感じたことを言ってもらうというワークです。このとき、「どう感じましたか?」と私が尋ねると、ほとんどの人が「少ない」「これだけしかもらえないんだ」「もっとあればいいのにと思いました」と言うのです。

そのときに抱いた感覚が、その人のお金に対するイメージになります。

毎月の給料をもらうたびに、「ああ、私は貧乏なんだ」とか「全然稼げていない」「どうしてこんなにお金に縁がないのだろう」と感じるわけです。

「無駄遣い好き」と「本当のお金好き」は違う

「お金が大好きなので、すぐに使っちゃうんです」という人もたくさんいます。

その言葉を聞くたびに私は、「それ、勘違いですから」と言いたくなってしまいます。

おそらくそういう人は「無駄遣いをするのが好き」なだけで、お金そのものを好きなわけではないからです。

無駄遣いするということは、すなわち「お金を粗末に扱う」ということです。果たして本当にお金を好きな人が、無駄遣いをしてお金を減らす一方の行動に出るでしょうか？　そんなはずはありませんね。

人に対する行動に置き換えると、よりわかりやすくなります。あなたは大切な人を粗末に扱いますか？　そんなことはしないでしょう。無理をさせず無茶を言わず、丁寧に接するのではないでしょうか。

お金に対する態度もそれと同じです。

本当にお金が好きな人は、お金の価値をよくわかっている人です。お金の価値を知っているので、ビジネスや投資などその価値をさらに高める行動に出ます。

大切だからこそ、有効に使わなければいけないと考えるからです。

無駄なものにはいっさいお金を使わないのが、本当の意味で「お金が好きな人」なのです。

「お金がない」が口ぐせの人は、「お金はつらいことの代償として、会社からもらうもの」と思っている傾向が強いです。

そこには「お金は自分で作り出す」という発想は、残念ながら微塵《みじん》もありません。

私もサラリーマン時代はそうでした。何なら、こんなにつらくて苦しい思いをして働いているのに、給料はこれっぽっちかよ、くらいの感覚でした。

それが大間違いだったことを知ったのは、会社を辞めた後のことです。

そう言えばサラリーマン時代、韓国に住んでいる友達から私がよく聞かされたのが、「定年まで会社勤めをしようという気はサラサラない」ということでした。

韓国では多くの人が、終身雇用や国に守ってもらうことを期待せず、たとえサムスンなどの大企業に入ったとしても、「こんなに競争が激しいんじゃ、出世は望めないだろう」と考え、時期を見て辞めていくのだそうです。そして、自営業を始めると聞きました。自ら事業を立ち上げたほうが、よほど稼げると考えるのでしょう。

日本でもそうした考え方をする人が増えてきましたが、まだまだ「お金は会社からもらうもの」と思っている人が多いように感じます。

この章ではお金のメンタルブロックがどんな考え方や言動に表れるかということについてお話ししました。

続く第2章では、メンタルブロックが作られる原因について詳しくご説明していきたいと思います。

第2章

「お金のメンタルブロック」はこうして作られる

お金に対する価値観が親と似ていませんか？

この章では、お金のメンタルブロックが作られる原因について考えていきたいと思います。

人の価値観は幼少期からの経験の積み重ねによって作られます。

前章でお話ししたとおり、メンタルブロックも同じように過去の経験からくるトラウマによって作り上げられていきます。

特に高校を卒業する18歳くらいまでの間に経験したことは、強固なメンタルブロックとなる可能性が極めて高いと言えます。

というのも、未成年のうちはまだ自我が固まっておらず、何ものにでも染まりやすい時期だからです。

多くの場合、18歳くらいまでの子どもの生活において基盤となるのは家庭であり、ダイレクトに関わってくるのは親なので、その影響は甚大です。

つまり、お金のメンタルブロックの要因は、親の言葉や行動、親のお金に対する価

値観に起因するものが大きいのです。

このことについては、拙著『親子の法則』で詳しく解説しているので、ご興味のある方はぜひご一読いただければと思います。

実際、私のクライアントさんの中にも、「自分のお金に対する価値観が親とそっくりで、嫌になります」という人が大勢います。

両親がいつもお金のことでケンカしていたAさんは、「大人になったら、親のようになりたくない」と思っていたそうです。

地元の小さな会社に勤めていた父親の給料だけでは生活できず、母親がパートをかけ持ちして足りない分を補填していたそうで、疲れがたまった母親の不満が時として爆発。「あんたの稼ぎが悪いから、私はこんな目に遭《あ》っている！」と叫び、それにカッとなった父親が応戦して罵声《ばせい》が飛び交う始末です。

もの心ついたときにはそんな修羅場がしょっちゅうあったので、「大人はお金のことでケンカするもの」と刷り込まれていると思う、とAさんは話してくれました。

そうして「結婚すると貧乏生活になる」というメンタルブロックができてしまい、給料の安い会社に勤めている人にプロポーズされたとき、「まあいいか。誰と結婚してもお金に困るようになるんだから」と思ってしまったというのです。

子どもが生まれ、Aさんが正社員として勤めていた会社を辞めてからは本当にお金がなくて困るようになり、けっきょく、昔の母親と同じように夫を責めてしまうのだとか。

ストレスがたまると買い物に走り、無駄なものを買ってしまうところも母親そっくりだとAさんは言います。

このように、親が持っていたお金に対する価値観が子どもへと連鎖して、メンタルブロックとなってしまう例は少なくありません。

親が抱えたお金の悩みが子どもへと連鎖する

子どもの頃に「親がお金で苦労する姿」を見て育った人は、成人してから金銭的な面でさまざまな悩みに直面する傾向があります。

経済格差の連鎖には、教育への資金の多少に加えて、メンタル的な要因も大きいというのが私の考えです。

その相関関係を調べるために調査を実施しました。30歳以上60歳未満で、子どものいない未婚の男女、全国1688人にインターネットでアンケートを行ったものです（2022年、合同会社serendipity調べ）。

まず、「幼少期に見た、お金に対する親の様子」に関する質問結果から、親がお金に苦しむ姿を「見てきた」グループ（692人）と、「見てこなかった」グループ（305人）を抽出。

各グループの年収、貯金額、お金の悩みを比較しました。

年収について、明確な差が表れたのは「0円～300万円未満」の人と、「500

万円～1200万円未満」の人でした。

低収入と言える前者では親がお金に苦しむ姿を「見てきた」人の割合が多く、高収入と言える後者では「見てこなかった」人が2倍ほどの割合になりました。

この結果から、幼少期に親がお金に関することで苦しむ姿を見て育った人は低収入になる傾向があり、表現を変えれば「高収入になることができない」傾向があると言えます。

貯金の有無にも同様の傾向が見られました。

「貯金がない」と答えた人の割合は、親がお金に苦しむ姿を「見てきた」グループ（23・4％）と、「見てこなかった」グループ（13・1％）を比べると、約1・8倍もの差がありました。

最後に、お金の悩みに関する質問についても紹介しましょう。

悩みの内容に関して、2つのグループで特に顕著な差が表れたものは、「収入が思うように増えない」と「貯金ができない」でした。

収入が増えない悩みを持つ人は「見てきた」グループで46・0％、「見てこなかった」グループで27・9％。

収入が増えない悩みはありますか?

・親がお金に苦しんでいた姿を「見てきた」グループ

はい(46.0%)　いいえ(54.0%)

・親がお金に苦しんでいた姿を「見てこなかった」グループ

はい(27.9%)　いいえ(72.1%)

貯金ができない悩みはありますか?

・親がお金に苦しんでいた姿を「見てきた」グループ

はい(39.0%)　いいえ(61.0%)

・親がお金に苦しんでいた姿を「見てこなかった」グループ

はい(24.9%)　いいえ(75.1%)

合同会社serendipity調べ(2022年)

貯金ができない悩みを持つ人は「見てきた」グループで39・0%、「見てこなかった」グループで24・9%となりました。

親がお金に苦労する姿を見て育った人は、収入と貯金という経済的に重要な2つの面に大きな影響が出ることがデータでも確認できたと言えます。

私のお金に関するメンタルブロックの形成に大きな影響を与えたのは、高校生のときのつらい経験でした。

両親が離婚した後、私と弟の養育費を巡って、父と母が激しく争う場面に幾度となく遭遇しました。そして、その仲裁役を私が担わされることになったのは前述したとおりです。

父が養育費を渋っているように感じられ、「自分は十分なお金を払ってもらえないくらい価値のない存在なんだ」という思い込みが心に刻まれていきました。この経験は私の自己肯定感を大きく低下させ、人生を前向きに捉えることを難しくさせました。

同時に、両親がお金を巡って争う姿を目の当たりにしたことで、「お金は人を意地悪にし、性格を悪くする怖いもの」というイメージが強く植えつけられました。この恐怖感は、長年にわたって私のお金に対する態度に影響を与え続けました。

お金を持つことへの無意識の抵抗感や、経済的成功を追求することへの罪悪感は、ここに起源があったのです。

極度の貧困状態さえ受け入れてしまう心理状態

小中学生くらいになると、子ども同士で「誕生日やクリスマスに親からこんなプレゼントをもらった」「お年玉の額はいくらだった」など、お金に関連する話をするようになります。

本好きのある女性は、少年少女向けの全50巻もある文学全集を持つ友達をうらやましく思っていたそうです。

そこであるとき、「私も◇◇ちゃんが持っているような文学全集が欲しい」と母親に告げたところ、全24巻の全集を買ってもらえることになりました。

母親の気持ちはありがたいと思ったものの、内心は「どうして50巻セットを買ってくれなかったんだろう。やっぱり、うちにはあんまりお金がないんだ」と考えてしまったといいます。

それがある種のトラウマになっているのか、「私には欲しいと思った本を見境なく買ってしまう癖があるんです」と話してくれました。

こんなふうに小中学生になると、ほかの家と比較して「じゃあ自分の家はどうなんだろう？」と考えるようになります。そして、「うちは中の下くらい」とか「よその家よりもお金がないらしい」などと判断するようになり、お金のメンタルブロックを徐々に形成していきます。

私自身は比較的裕福な家に生まれ育ちましたが、実はかなり長い間それに気づいていませんでした。というのも、私が通っていた私立小学校では、周りの友人たちの家庭がさらに裕福だったからです。

加えて、父は常々「うちはそんなに裕福ではない」と言っていました。これらの環境要因が、自分の家庭の経済状況を「普通」か「普通より下」だと思わせていたのです。実際には父が高給取りだったことを知ったのは後年のことでした。

しかし、お金に関する価値観の形成に決定的な影響を与えたのは、主に次の2つの経験でした。

1つ目は、ある日の出来事です。お年玉をもらって喜んでいた私に対し、父が「金のことでそんなにニヤニヤするなんて、お前はいやらしいやつだな」と言ったのです。

父に悪意がなかったことは明らかでしたが、この何気ない一言が幼い私の心に刺さりました。

父は単に軽口のつもりだったのでしょうが、それが私の心に強烈に突き刺さり、「お金が好きなのは、いけないことなんだ」と思うようになったのです。

2つ目は、幼い頃から見てきた父の姿です。父がなかなかの高給取りだったことを知ったのは、私が大人になってからですが、当時の父は仕事に追われる毎日でした。

土日も出社するかゴルフ接待と外で忙しく働く父の姿を見て、私の中には「仕事＝つらいもの」、そして、うちは裕福ではないという言葉も信じていたので「こんなに忙しく働いても裕福にはなれない。仕事はつらいもの」というイメージが植えつけられていったのです。

これらの経験から、新卒時の企業選びでは、私はやりがいや興味を除外し、安定志向のみを重視。そうして絞り込んだ企業のうち、給料のいい企業を避けて、そこそこの給料の企業を選んだのです。

一般的には、同じような条件であれば給料のいい企業を選ぶでしょう。しかし、幼い頃に形成された「お金を求めること＝卑しいこと」「仕事＝つらいもの」というメンタルブロックから、給料のいい企業を避けてしまったのです。

不思議に思われるかもしれませんが、これは「給料のよさで企業を選んでいない」という価値観を自分自身に示さなくてはならない、という強迫観念的な感覚でした。

幼少期の経験が原因となった「お金で喜ぶのはいやらしいことなんだ」という思い込みと、「いくら働いても裕福にはなれない」という誤った認識によって、自分の中に妙にねじ曲がったメンタルブロックが作られてしまったのでしょう。

このメンタルブロックの影響は、その後の人生にも及びました。ニューヨークでのネズミと一緒の極貧生活。そうした異常な状況を「お金がないから仕方ない」と受け入れてしまったのも、このねじ曲がったメンタルブロックが原因だったと今では理解しています。

お金に対する健全な関係性を築けていなかったために、極度の貧困状態さえも正常化して受け入れてしまったのです。

なぜ日本では「清貧思想」が尊ばれるのか

メンタルブロックの原因は、親だけではありません。教育環境やその土地柄、国ごとの特質なども影響します。

日本には昔から、お金を「卑しいもの」「汚らわしいもの」として蔑《さげす》み、貧しさこそが清らかさの証とする、独自の文化「清貧《せいひん》思想」があります。

質素で簡素な生活が善で、物質的な豊かさよりも精神的な充実を追求することを尊しとするものです。

清貧思想はもともと、平安時代の歌人・西行《さいぎょう》や「徒然草《つれづれぐさ》」の著者として有名な吉田《よしだ》兼好《けんこう》（鎌倉時代末期〜南北朝時代）、江戸前期の俳人・松尾芭蕉《まつおばしょう》など、多くのものを持たず自由な精神と心の充実を尊ぶ生き方に共鳴する人たちによって育まれたものとされています。

例えば、日本文化の粋を極めたとされるお茶室はわずか二畳ほどです。その小さな空間に日本人は無限に広がる宇宙を見出し、それを豊かな精神世界につながる入り口と見なしてきたのではないでしょうか。

「立って半畳、寝て一畳」という言葉もあります。人にとって必要なスペースは立っているときで畳の半分、寝るときでも一畳あれば足りる、という考え方です。自分の理想的な生き方を追求するために、自ら選択した物質的な貧しさとも言えます。

ところが、いつしかこれが「お金をたくさん持つのは悪いことだ。貧しさこそが善である」に変わっていってしまいました。

そもそも昔は、庶民と言えば貧しいのが一般的でした。為政者たちが庶民に不満を抱かせないために、あえて「貧しい者こそ清らかな魂の持ち主である」という方向へ誘導したかったのかもしれません。

その考え方は今も染みついていて、日本ではお金について語ることはタブーであり、はしたないことだ、金持ちは悪で貧者こそが善、というイメージを持っている人が少なくないのです。

そんなふうに日本人の多くは、「自分はお金に執着しない清い人間」と思いたがっているわけですが、実は本音は違っていたりします。

クライアントさんへのコーチングのときも、皆さん最初は「私、お金にはそんなに興味がないんです」「生活できるだけのお金があればいいと思っています」と奥ゆかしいことをおっしゃるのですが、どんどん掘り下げていくとまったく違った本音が見えてきます。

コーチングの回数を重ねて、「あなたが本当に生きたい人生は？」と深掘りしていくうちに、クライアントさんもビジョンが思い描けるようになってきます。

すると最終的に「それは、お金がなければ実現できませんよね」というふうになっていくのです。

初めのうちは「お金はいりません」と極端な清貧思想の持ち主のような発言をしている人に限って、月収100万円どころか500万円くらい稼がないと実現できないのでは、と思わざるを得ないビジョンを描くケースが多いものです。

日本人は「相手が得する」のが許せない!?

第1章でも触れましたが、私自身もそうだったように、清貧思想の裏返しで私たち日本人には「お金持ち＝悪者」という刷り込みがあるように思います。

時代劇に出てくるお代官様は必ず悪人ですし、「ドラえもん」の脇役であるお金持ちのスネ夫君もイヤミなキャラクターに設定されていたりします。

現代の日本でもその状況は変わりません。

みんな本音ではお金が欲しいので、すでにお金を持っている人に対して妙なひがみ根性が出てしまうのでしょう。

それを裏づけるのが、大阪大学社会経済研究所を中心とした研究結果です。

被験者に集団で公共財を作るゲームをさせたところ、日本人はアメリカ人や中国人に比べて、他人の足を引っ張ることに意識が向いているという結果が出たのです。

このゲームは、公共財に投資をすることで自分に利益がもたらされる一方、公共財であることから、たとえ相手が投資を行わなかったとしても、相手にも利益があるという状況を想定したものです。これによって被験者らがどのような行動を取るのかを見るというものでした。

要するに、自分の投資で相手が「手を下さないまま利益を得ること」をどうとらえるかが焦点となります。

この実験の結果から、自分の利益が減ってでも「相手に得をさせたくない」傾向がいちばん強かったのが日本人だというのです。

かなり不名誉な話ではありますが、日本人の心理に「他人の足を引っ張りたい」という特徴があるのは事実であろうと感じます。

「自分は少ない給料で我慢して働いている」という思いがある人にとっては、お金持ちを見ると「うまいことやりやがって」という感情が湧き上がってきやすいのでしょう。それが「どうせ悪いことをして儲《もう》けてるんだろう」という妄想につながり、「しょせん金の亡者じゃないか」と批判したり……など枚挙にいとまがありません。

しかも、今はSNSを使うことによって、匿名で言いたいことが言える時代です。

お金持ちは人一倍お金を稼いで、人一倍税金を収め、国に貢献している面があるに

もかかわらず、悪く言われがちです。
また、何かにつけて他人のことが気になり、目立つ行動をすると糾弾される点も日本社会では一般的です。同調圧力が強く、語弊があるかもしれませんが「みんなで悲しもう」「みんなで苦しもう」といった見えないカセがあるようにも感じます。

私のクライアントさんには、障がいのあるお子さんを持つ方がいます。
彼女は自分のお子さんに障がいがあることをネガティブではなく個性としてとらえ、その子に合ったライフスタイルや進路を一緒に考えたいと思い、障がいのある子どもたちへのサービス支援をするビジネスを立ち上げました。

ところが同じ立場の親御さんから、「障がいをポジティブにとらえようなんて、茶化しているんですか?」「障がい者支援をビジネスにするなんて非常識だと思います」などと大変な反発があったというのです。

私はその話を聞いて、日本社会では「出る杭は打たれる」という点は今でも変わっていないと感じざるを得ませんでした。

所属欲求が強いサラリーマン志向の国民性

「出る杭は打たれる」の根本にあるのが、「横並び思想」です。

これは働いている人のほとんどが被雇用者（雇われて働く人）という国民性が影響しているのではないでしょうか。

日本最大級のクラウドソーシングを行っている「ランサーズ」という会社が、２０１８年に行った調査結果がそれを裏づけています。

この調査によれば、アメリカのフリーランス人口が労働人口の35％を占めているのに対して、日本は17％とアメリカの半分以下となっています。

つまり、日本で働くということは何らかの組織に所属し、そこから給料をもらうことを意味すると言っても過言ではありません。

そのせいでしょうか、海外の人に比べて、日本人はとりわけ所属欲求が強いのではないかと感じることがあります。私は20代でアメリカに渡り、その後、オランダやポルトガルに移り住むなど世界各地で暮らしてみて、その思いはより一層強くなりました。

同調圧力の強い日本に暮らす人にとっては、立場も価値観も、他人と一緒であることが安心の根拠になっているといえるのではないでしょうか。

会社で働いていれば毎月給料がもらえる立場の人と、自ら仕事を作り出さない限り一銭もお金が入ってこない立場の人では、仕事に対する意識がまったく違います。

会社に所属している人には会社から仕事が与えられますが、フリーランスの場合は自分の存在（実力、顔と名前）で仕事を獲得していくしかありません。

これは私自身が体験したことですが、大企業のサラリーマンだった私は、「仕事が嫌いだ」と言いながらも毎月1回給料をもらえるのが「当然」と思っていました。

ところが、ニューヨークでファッションデザイナーになるための勉強をしようと、会社を辞めたとたん、何の肩書きもなくなり、お金も入ってこなくなったのです。

頭では理解していたものの、現実を突きつけられたとき、「どこにも所属しないフリーランスになるというのはこういうことか」と初めて実感しました。

仮に、順調にいくつかの仕事が得られたとしても、取引先には取引先のルールや都合があるので、すぐにギャランティを支払ってくれるとは限りません。

想定していたよりも手間と時間がかかって効率が悪かったり、場合によっては案件そのものが立ち消えになったりするリスクもあります。

サラリーマンにはサラリーマンのつらさがありますが、ことにお金に関する不安はフリーランスのほうがかなり強いと断言できます。

多くの日本人にとって、お金は「会社が払ってくれるもの」という刷り込みがあり、だからこそ「頑張ってもたくさんのお金を手にすることはできない」というメンタルブロックの要因になっているのではないでしょうか。

日本も欧米にならって実力主義の傾向が強くなってきてはいますが、まだまだ横並び意識が強く、「出る杭は打たれる」社会だと思います。

下手に問題意識を持つと組織の中で悪目立ちして浮いてしまい、上司に目をつけられて、社内での居心地が悪くなったり、昇進できなかったり、最悪の場合は肩たたきにあったりする可能性もあります。

そのことを内心よくわかっているので、日本人ははっきりものを言わないし、できるだけ他者と足並みをそろえようとします。そのほうが組織の中で生き残っていくのに便利であり、自分を守っていくことができるからです。

そうしているうちに、「飛び抜けてはいけない」「人と同じでないといけない」というメンタルブロックがより強固なものになっていくというわけです。

ものごとに「正解」を求めがちな人は要注意！

ユニークな発想をしたり、人と違う言動を取ったりしていると、「あの人、ちょっと変わっているよね」と後ろ指を指される不安が日本社会にはあるように感じます。人と同じであることをよしとする社会には、おのずと「正解」と「不正解」が生まれます。

もちろん、多くの人が求めるのは「正解」のほうです。

そもそも日本の学校教育がそうだと思いませんか？　先生に「合っているか・いないか」を確認するという文化があると感じるのは、私だけではないでしょう。

私が海外に出て一番強く感じたのは、「日本人ほど正解を求める人たちはいない」ということです。

一方、日本以外の国で私が実感したのは、学校教育の場で「生徒自身が自分で考えて、それを行動に移す」が大切な共通認識になっているということでした。とてもシンプルな考え方だと思います。

なぜなら、その人の人生を決めるのはその人自身であり、他人ではないからです。たとえ親であっても先生であっても、子どもに「こうしなさい」という権利は本来ないはずなのです。

ところが、日本はどうでしょうか。

「これ、やってもいいですか？　それともやらないほうがいいですか？」とお伺いを立てなくてはなりません。それは家庭でも学校でも職場でも同じです。

その考え方は人生全般に及んでいて、それゆえに「どうしたらいいか」を自分で決めることを苦手と感じる人が多いように思います。

おそらくその根底にあるのは、「誰かに聞かないと不安だ」という思いでしょう。

コーチングを行う中で、また時折SNSで悩みごとの相談を受ける中で、多くの方が自己決定に困難を感じていることに私は気づきました。

例えば、離婚に関する相談でよく耳にするのは、次のようなものです。

「主人と離婚したいのですが、私はあまり社会経験がないまま結婚し、ずっと専業主婦でした。夫との関係に我慢ができなくなってきましたが、50代半ばの今、私にできる仕事があるでしょうか？　会社勤めと独立、どちらの道を選ぶべきでしょうか？」

このような質問は、本来自分自身で熟考し、決断すべき問題です。しかし長年、他者に依存してきた方々にとって、突然に自己決定を求められることは大きな不安を伴います。

実際に世の中には、自分で人生の重要な決断を下すことに慣れていない方がたくさんいます。そのため、人生の岐路に立たされたとき、進むべき道を見出せずにいる人も少なくありません。

少々卑近《ひきん》な例ですが、こんな話も聞いたことがあります。

女性Dさんは、友人のEさんから内輪の同窓会のたびに確認を求められるのだそうです。Eさんは人と集まるのが好きで、自ら言い出しっぺとなってメンバーのスケジュールを把握し、日時を決めるところまでは自ら喜んで行います。

ところが、いざ店を決める段になると、必ずDさんに「またあのお店でいいかな？」とお尋ねしてくるのだとか。

特に会費については気になるらしく、何度も「○○コースは○千円、△△コースは

△千円、どっちがいいと思う？」とDさんに決めてほしいと言わんばかりに連絡をしてきます。

いつも集まりの取りまとめをしてくれるEさんにみんな感謝こそすれ、店がよくなかった、会費が高すぎたなどと文句を言うはずもありません。

そもそも自ら幹事役を引き受けているのだから、何も周囲にお伺いを立てなくてもさっさと決めればいいのに……とDさんはいつも思ってしまうといいます。

私はその話を聞いて、いかにもありがちなことだなと感じました。

誰かに確認しないと不安なのでしょう。

ただし、本人はそのことに気づいていません。

もし次に同じようなことがあったとき、DさんがEさんに「あなたはどうしていつも私に最終的な判断をゆだねるの？　そもそもいい歳をした大人が、会費に文句をつけると思う？」と尋ねたら、Eさんは腰を抜かすほど驚くことでしょう。

それほど無意識のうちに、「誰かの許可を得なくてはならない」「ものごとにはすべて〝正解〟がある」というメンタルブロックが形成されているのです。

自分の人生における主役はあなた自身

自分の将来の設計図を思い描き、それに向かって今何をすべきか、それをどうやって具体的な行動に落とし込むかを決めることができるのは、自分自身しかいません。

本人以外の人には、「こういう道もあるよ」「こういうやり方もあるよ」とアドバイスはできても、決めることはできないのです。

私自身もクライアントさんに「どうすればいいですか？」という質問をたびたび受けることはすでにお話ししたとおりです。そんなとき、私はこう答えるようにしています。

「そのように他人に判断をゆだねようとすること自体が、あなたがおっしゃる『自分の人生がパッとしない』と感じる一因かもしれません。自分の人生の主役は、ほかでもない、あなた自身です」

この自己決定の重要性は、ビジネスの世界でより顕著になります。

サラリーマンとして働く場合、確かに自由度は制限されますが、その代わりに多くの決断を会社にゆだねることができます。収入の安定性や将来の保障など、ある意味で人生の責任の一部を会社に預けることができるのです。

一方、独立や副業、起業、フリーランスの道を選ぶと、状況は一変します。一日をどう過ごすか、どの仕事を受けるか、どのように価格設定するかなど、すべての決断を自分で下さなければなりません。

起業家の日々は、まさに決断の連続です。ホームレスになるか億万長者になるか、その結果もすべて自分の決断次第なのです。

このように、自分で決断を下す能力は、独立してお金を稼ぐうえで非常に重要です。決断力が不足している人にとっては、独立の道は大きな挑戦となるでしょう。

しかし、これは克服不可能な壁ではありません。決断力は、実践と経験を通じて養うことができるからです。

頭で理解するのと、腹落ちしてそれまでの考え方や行動を変えることの間には、大きな隔たりがあります。行動パターンをすぐさま変えられるわけではありませんが、「自分で決めることができない人間であること」

「そんな自分だからこそ、いつまでたっても『自分の人生はパッとしない』と感じてしまうこと」

を理解しているか、理解していないかでは、結果が大きく違ってきます。

理解できていれば、何かを選択しなければならない事態に直面したとき、「誰かにアドバイスをもらったとしても、最終的に決めるのは自分だ」という考えが頭をよぎることでしょう。その積み重ねが自信を生み、メンタルブロックを壊していくことにつながっていくのです。

メンタルブロックを解消する効果的な方法については、第4章から詳しく紹介していきます。自己決定力を高め、真の意味で自分の人生を生きるための第一歩を、一緒に踏み出していきましょう。

自己肯定感こそが、お金の問題を解決するカギ

２０１８年に内閣府が実施した、「我が国と諸外国の若者の意識に関する調査」の中に、自分への満足度に関わるものがあります。

そこには興味深い結果が見られました。

「自分自身に満足している」という項目に対する回答として、「そう思う」「どちらかといえばそう思う」と答えた割合を、諸外国と比較した調査結果です。

アメリカ87・０％、フランス85・８％、スウェーデン74・１％、韓国73・５％と諸外国が70％を超えているのに対し、日本は45・１％と圧倒的に低かったのです。

日本の若者の半分以上が、「自分に満足しているとは言えない」という事実は、何とも悲しい結果です。

「子は親の鏡」という言葉もあるように、今の若者を育てた親世代も同様に「自分に満足しているとは言えない」状況にあるのは間違いなさそうです。

これまでお話ししてきたような理由から、自己肯定感が低いままであることによっ

て、自信を持てずに失敗を恐れて、自分がやれる範囲のことしかやろうとしない消極的な生き方になってしまっているのでしょう。

お金を稼ぐ力も含め、あらゆる能力は自分の可能性を信じ、挑戦を続けることによってしか身につけることはできません。

自己肯定感こそがお金の問題を解決するカギ、と言っても過言ではないのです。


お金の本には積立投資や不動産投資を勧めるもの、若いうちに資産を増やして早期リタイアするＦＩＲＥ《ファイア》を勧めるもの、さらには宇宙の力を借りて願いを叶えようというスピリチュアル色の強いものまで、さまざまなバリエーションがあります。

もちろん、どれも有効に活用すれば資産形成に役立つ面があるとは思いますが、私にはそれ以前にやるべきことがあるように思えてなりません。

それが、自己肯定感を高めて、「自分はお金を作り出していける人間だ」という自分に対する信頼感を持つことです。

あなたはいくらお金があれば満足ですか？

コーチングをしている私の元に来られる方のご相談内容のうち、8～9割がお金に関することです。

その方たちに共通しているのが、「私、お金がないことが悩みなんです。お金さえあれば、もっと幸せに生きられると思うんです」と、自分が今、幸せでない原因をお金がないことに求める傾向がある点です。

でも、それは幻想にすぎないことがほとんどです。

今、現在の自分や取り巻く環境に不満を感じ、将来が不安でたまらず、「自分は幸せではない」と思ってしまう人は、たとえ何かのきっかけでまとまったお金が得られたとしても、別の悩みが出てきて「まだ自分は幸せではない」と感じることでしょう。

なぜ私がそう考えるのかというと、本当の原因は「お金がないこと」ではなく、「お金の問題を直視できていないこと」にあるからです。

「直視できないどころか、お金にばかり目が行きすぎて苦しくなるほどなのに！」と反発を感じる方も多いかもしれません。でも、お金が気になって仕方ないことと、「お金の問題を直視すること」はイコールではないのです。

それはなぜでしょうか。私の元に「お金に関して不安がある」という理由でご相談に来られる方の多くが、次の問いに答えられないからです。

- あなたはいくらお金があれば満足ですか？
- 毎月いくらの収入があればいいと思っていますか？
- その金額は額面ですか？　それとも手取り収入ですか？
- 手取り収入の場合、その金額を得るために額面収入がいくら必要かわかりますか？
- そのお金をどんなことに、どれくらい使うつもりでいますか？

さあ、これらの問いにあなたは答えられたでしょうか。

私の経験上、漠然と「お金がない」という悩みを持っている人で、この問いに明確に答えられた人はほとんどいません。

もちろん「月50万円あればいいな」とか「毎月１００万円欲しい」と頭の中でぼん

やりと思い描いてはいるのです。でも、その金額が「額面なのか・手取りなのか」まで深く考えてはいないケースが大半です。

日々、本気でお金と向き合っている人ならば当然考えるはずの税金や社会保険料について考えがまったく及ばないということは、つまり「本気ではない」ということなのではないか、と思わざるを得ません。

漠然とした不安はあっても、「お金の問題に正しく向き合っているとは言えない人が多い」というのが私の正直な思いです。

さらに「月50万円欲しいという根拠はどこにありますか？」と尋ねると、「今、頭の中で計算してみたのですが、50万円では足りないみたいです」と返ってくるケースがほとんどです。

こうしたやり取りの後で、「お金に悩んでいるつもりだったけれど、本当のところを自分でもわかっていないのでは？」という方向でお話をさせていただきます。

「お金がないこと」にばかりフォーカスしてしまうのは、「自分はいずれ、これをやってお金を稼いで生きていく！」というプランがないからだ、ということに気づいてもらいたいからです。

文字にすると少々きつく感じられるかもしれませんが、コーチングでは順を追って納得してもらいながら話を進めていくので、クライアントさんが「責められている」という感情を持つことはないようです。

というのも、私の根底には、「今の日本で普通に生きていたら、そうなってしまって当然だ」という思いがあるからです。

そうならざるを得ないし、実際に私も同じように感じていました。

個人の資質以前の問題として、日本が抱え続けてきた問題が、今ここにきてはっきりと姿を現し、それに戸惑っているというのが真実なのではないかと思います。

第1章と第2章を通じて、どうしてお金に対する不安を抱いてしまうのか、その理由を見てきました。続く第3章では、さらに視野を広げていきましょう。

「なぜ今、この時代に私たちはお金の問題に直面するのか」「どうして今こそ、これまでのお金とのつき合い方を大きく変えなくてはいけないのか」という観点で、現代社会の時流も交えてお話ししていきたいと思います。

第3章

自分の力で「富」を生み出す時代がやってきた!

お金の悩みに拍車をかけた「老後2000万円問題」

今、お金に悩む人の「お金がない」の根拠になっているのは、「老後に2000万円が不足する問題」ではないかと私は思っています。

ことの発端は金融庁が2019年6月に、夫婦のみの無職世帯において「公的年金だけでは老後2000万円が不足する」との試算結果を発表したことでした。「高齢社会における資産形成・管理」と題した報告書によると、総務省の2017年の家計調査において、年金等の可処分所得から消費支出を差し引くと、月額およそ5万4520円の赤字となることがわかったといいます。

仮に老後期間を30年とすると、

月額5万4520円×12カ月×30年＝1952万6400円

となるので、「公的年金だけでは2000万円が不足する」というわけです。

この報告書はニュースで大きく取り上げられたので、記憶している方も多いのではないでしょうか。

こうした背景には今、大きな問題となっている「少子高齢化」があります。

というのも、年金制度は現役世代が毎月支払う「年金保険料」を老齢世代の年金に充てるしくみになっているからです。

1980年には7・4人の現役世代で1人の高齢者（65歳以上）を支えることができていたのに、少子化と高齢人口の増加で2020年には2・1人で1人を支えなくてはいけなくなりました。

今後、2050年にはそれが1・3人で1人を支えるという状態までいくだろうと予測されています。

前章までにご紹介したメンタルブロックの問題に加えて、現代の日本ではこうした社会問題も、お金の悩みに拍車をかけているのです。

超少子化による人口減で国力が弱まっていく

年金制度に関連する話として、日本では毎年のように合計特殊出生率の低さが話題になります。

合計特殊出生率とは、15歳以上50歳未満の女性が一生の間に生んだ子どもの数を、それぞれの年齢別の人口で割って合算したもので、毎年1回「人口動態統計月報年計」の中で厚生労働省が発表しています。

一般的に1・5を割り込むと「超少子化」とされ、1・3未満はさらに深刻な区分となります。

日本の合計特殊出生率は太平洋戦争直後には4・0を超えていましたが、1947～49年生まれのいわゆる「団塊の世代」が20代後半になった1975年に2を割り込み、以後、低下傾向が続きました。

1995年に1・5を下回り、最新データとなる2023年には1・2まで低下しています。

人口を維持するために必要なのは2・06〜07と言われていますが、それには遠く及ばないのが現状でしょう。

人口は国力を支える重要な要素です。

国力は国の富の蓄積状況や国土面積、人口や教育レベル、技術レベルといった基礎的指標およびGDP（国内総生産）や経済成長率、産業の国際競争力などの豊かさを示す指標によって決まります。

国土面積や埋蔵資源などは今さらどうすることもできませんが、その他の指標は国の政策や国民一人ひとりの努力によって上昇させることができます。

特に人口は重要です。働く人の数が減ればその分、生産性が低下して税収も減るなど、経済に与える影響が大きいからです。

お金に関して学びを深める際には、こうした側面も見つめる必要があります。

年金も退職金もあてにできない時代をどう生き抜くか

さらに厳しい話を続けなければなりません。年金とともに老後の生活資金の中心を担ってきた退職金の話です。

退職金は年功序列、終身雇用などの日本型雇用と分かちがたく結びついたものです。「うちの会社に一生涯勤めてくれるのならば、その代わりに勤続年数が長くなるほど給料も上げるし、定年退職したときには一時金として多くの退職金もあげるよ」というのが、そのしくみです。

ところが、その頼りの綱といえる退職金制度も危うくなってきています。

厚生労働省の「就業条件総合調査」によれば、大卒の勤続20年以上で45歳以上の定年退職者に支給された退職金の金額は、1997年の2871万円をピークに減少に転じ、2018年には約1000万円少ない1788万円となっています。

どうしてこんなことになっているのかというと、日本企業がかつてのように社員の一生を丸抱えできるほどの体力がなくなっているからです。

「老後2000万円問題」が起こった時期と同じ2019年6月、こんなことがありました。

日本を代表する大企業・トヨタ自動車の豊田章男《とよだあきお》社長（当時）が、日本自動車工業会の会長会見で、「終身雇用を守っていくのは難しい局面に入ってきた」と述べたのです。世界に名だたるトヨタが終身雇用を維持できなくて、ほかのどの日本企業が維持できるというのでしょう。

また、同じく2019年、経団連の中西宏明《なかにしひろあき》会長（当時）による「終身雇用を前提に企業運営、事業活動を考えることには限界がきている」という発言もあり、「大企業に就職すれば一生安泰」という時代がついに終わるのだと激震が走りました。

一昔前の「日本の常識」は今や非常識になりつつあり、国民の老後が厳しいものになることを予感させる出来事でした。

急速な円安により日本は今や「安い国」!?

もう少し視野を広げて、「世界における日本」を考えてみましょう。

昨今、急速に円安が進んでいます。諸外国の人たちの間では、「日本は治安がよく観光地がたくさんあるうえに〝安い国〟だ」という認識が定着してしまっています。外国人観光客が訪れてお金をたくさん落としてくれるのはウェルカムですが、「安い国」という評価はありがたくないものです。

為替レートが必ずしも、その国の国力を示しているのではないという見方もありますが、世界における日本のステータスが低下していることを私は肌で感じています。

私が小中学生時代、父親の仕事の関係でシンガポールに住んでいた頃、中国や韓国など他の東アジアの国の人たちの中で、日本人は特別視されているのを子ども心にも感じていました。

それがいいか悪いかは別として、日本人は他の東アジアの国よりも優れているという見方をされていたのです。日本人という理由でリスペクトされるし、お金持ちだと見なされていたように思います。

決して褒められたことではありませんが、現地にいた日本人の中にも「自分たちは特権階級だ」という意識がありました。我が国日本は経済大国であり、シンガポールのような発展途上国とは違うと思っていたのです。

ところが、今はどうでしょうか。

立場が大逆転したと感じることも少なくありません。中国が日本を抑えてGDPが世界2位（1位はアメリカ）となり、日本は3位に後退しました。

さらに内閣府の2024年2月の発表によると、2023年の日本の名目GDPはドイツに抜かれ、ランキングにおいてさらに順位を下げて4位に後退したことが明らかになったのです。

GDPとは、その国で1年間に生み出された製品やサービスの総和です。GDPを統計的に連続して見ることで、その国の経済規模の大きさの変化（成長度合い）がわかります。

この順位の後退は、単に円安の影響だけではありません。確かに円安はGDPのドル換算値を押し下げる要因となりましたが、より本質的な問題は日本経済の長期的な停滞にあります。いわゆる「失われた30年」と呼ばれる期間、日本経済は低成長が続いています。

一昔前であれば、日本経済の規模は他国と比べてかなり大きく、多少の円安があってもGDP順位が大きく変動することは考えにくかったでしょう。しかし、日本が停滞している間に、ドイツを含む他の先進国は着実に経済成長を遂げ、その差が縮まってきたのです。

日本はかつてアメリカに次ぐ世界第2位のGDPを誇っていましたが、このように近年では世界経済における存在感が弱まりつつあります。この状況は、日本経済が直面している課題の深刻さを浮き彫りにしています。

世界のGDPに占める日本の割合の推移も見てみましょう。

1980年に9・8%だったものが、1995年には17・6%まで高まった後、2010年には8・5%とほぼ30年前の位置づけに戻っています。

日本は平成時代の約30年間、「デフレスパイラル」と呼ばれる状態でした。モノの価格が上がらないどころか下がっていくという経験を、30年間し続けたわけです。

そのせいで、「安ければいい」という発想になりやすい傾向があります。

特に「お金がない」と思っている人は、現実的な問題としてモノの価格は安いほうが助かるので、品質よりも「安さ」を優先するようになります。

実はその発想こそが、よりいっそうお金との縁が遠くなる要因になっているのです。

モノやサービスには「適正な価格」というものがあります。それにはあなたの労働も含まれます。安いモノやサービスを求め続けるということは、あなた自身が安く買いたたかれるのをよしとすることにほかなりません。

日本国全体で「安ければいい」という価値観を、少しずつ手放していく必要があります。

「失われた30年」——日本人の心理的変化と驚くべき国際比較

1990年代初頭のバブル崩壊から30年以上が経過しましたが、日本経済は未だに本格的な回復を果たせていません。この長期停滞の根底には、日本人特有の心理的要因があると考えられます。

特筆すべきは、日本人の仕事へのモチベーションと自己肯定感の低さです。国際比較調査によると、日本は先進国の中でも際立って低い数値を示しています。

特に衝撃的なのは、第1章でも紹介したアメリカのギャラップ社による国際調査結果（2023年）です。この調査によると、日本人で「仕事に熱心に取り組んでいる」と答えた社員はわずか6％に過ぎませんでした。これは調査対象となった約140の国のうち、最低レベルという驚くべき結果です。世界平均の23％と比較しても、日本人の仕事へのモチベーションの低さが際立っています。

この数字は、日本の労働生産性の低さとも一致します。OECD（経済協力開発機構）の調査によれば、日本の労働生産性は加盟国中で下位に位置しており、G7諸国の中では最下位です。

また、自己肯定感についても同様の傾向が見られます。内閣府の調査によると、「自分に満足している」と答えた日本の若者の割合は45・1％で、アメリカ（87・0％）、イギリス（80・1％）、フランス（85・8％）などと比較して著しく低い数値となっています。

一方で、この30年間で経済成長を遂げた国々、例えば韓国や中国、そして一時的な停滞から回復したアメリカなどでは、仕事へのモチベーションや自己肯定感が比較的高いことが各種調査で示されています。

例えば、同じギャラップ社の調査では、アメリカの「仕事に熱心」な社員の割合は33％、中国では19％、韓国では13％と、日本の6％を大きく上回っています。

これらの国々では、チャレンジ精神や自己実現への意欲が高く、それが新たな産業やイノベーションを生み出す原動力となっています。韓国のＩＴ産業や中国のテクノロジー企業の台頭、アメリカのシリコンバレーにおける継続的なイノベーションなどは、その現れと言えるでしょう。

日本がバブル崩壊から真の意味で立ち直れていない大きな要因は、こうした仕事へのモチベーションと自己肯定感の低さにあると考えられます。「どうせうまくいかない」「自分には無理だ」という思考パターンが、個人レベルでの成長を妨げ、それが集積して社会全体の停滞につながっているのです。

この状況を打破するためには、個人レベルでの意識改革が不可欠です。

自己肯定感を高め、失敗することを恐れず、前向きな姿勢で挑戦することの価値を再認識する必要があります。それは単に個人の幸福のためだけでなく、日本経済全体の活性化にもつながるのです。

本書で紹介するメンタルブロックの解消法は、まさにこの課題に対する1つの解答となるでしょう。自分自身の価値を信じ、お金や成功に対する健全な関係性を築くことは、個人の豊かさだけでなく、日本社会全体の再生にも貢献する可能性を秘めています。

他国の成功例から学びつつ、日本固有の文化や価値観を活かしながら、新たな成長モデルを構築していくことが求められています。

そのためにも、まずは個人レベルでの意識改革、特に自己肯定感の向上と仕事へのモチベーションの回復が重要となるのです。

お金は「もらうもの」ではなく「作り出すもの」

暗い話ばかりを続けて申し訳ありません。でも、これが日本の現状なのです。今後も年金をあてにできない状況が続き、退職金制度も縮小していき、人口減少によって内需も労働力も減っていくでしょう。

労働力が減っている割には正社員として働ける場所は少なく、非正規雇用ばかりが増えているという現実もあります。その事実に目を背けてはいけません。

そうした中でもお金持ちになる人はいます。

年金問題や円安の不安などがつきまとう一方で、現在は投資ブームも巻き起こっています。

その発端となったのは、2024年1月、少額投資非課税制度・NISA（ニーサ）の非課税枠が拡充されたことでした。通常であれば、投資で得た売却益や配当などの利益には所得税15・315％（2037年までの復興特別所得税含む）、住民税

5％の合計20・315％が課せられます。

例えば、株式投資などで100万円の利益があったとしても、税金20万3150円が引かれるので、手取りは79万6850円になってしまうのです。

ところが、NISA口座で売買した金融商品に関しては非課税になるため、100万円の利益から税金が引かれることなく、丸ごと100万円を手にできるというわけです。

大変ありがたい制度ではあるのですが、どうして政府は今このような制度を創設したのでしょうか。「そうでもしなければならない切実な理由があったから」と考えるのが妥当でしょう。

つまり、「年金財政の悪化や人口減少等の影響で国はこれまでのように、国民の老後の面倒を見ることは難しくなった。その代わりに有利な資産形成のしくみを作ってあげるから、各自で老後資金作りの努力をしなさい」ということです。

組織に属していれば安泰だった日本。それこそ昔から続く伝統で、圧倒的多数を占めた農民は村落共同体というコミュニティで相互に助け合う「相互扶助」が一般的でした。また、武家社会では殿様に忠義を尽くすことで一生面倒を見てもらうことができました。

そして戦後、多くの会社ができて勤め人が増えてからは、会社と国が守ってくれていました。

しかし、そんな「日本人として一般的な生き方」が、今できなくなりつつあります。お金は会社や国から「もらうもの」ではなく、自分の手で「作り出すもの」と認識を改めなければならないタイミングが、まさに今なのです。


ちなみに私は、今までの日本が過保護すぎたのではないかと感じています。国に余裕があるうちはそれでも問題化することはありませんでした。

でも、もう国にそこまでの余裕がなくなってしまいました。1990年代初頭のバブル経済崩壊後、「失われた30年」と言われる底なしの不況に入りました。

この間、日本経済の主要な経済指標である「日経平均株価」は著しく下落。ようやくバブル経済前の最高値を超えるには2024年まで待たねばなりませんでした。

ほかの国ではこの30年の間にぐんぐんと経済成長を果たしていったというのに、日本だけが不況からの回復が遅れてしまったのです。

それが「老後は国をあてにしないで」というメッセージの要因だと思います。

今すべきことは、これまでのお金に関する意識を変えていくことです。

大企業に就職すれば安泰の時代は終わりました。

とはいえ、逆に現代では頭を使って時流をうまくつかみ、自分の特技と結びつけることによって一発逆転することも可能になっています。誰もがインターネットを通じて世界中に自由に発信することができる時代なのですから。

むしろ、そうした生き方をしていったほうが、これからますます厳しくなっていく時代を乗り切っていける可能性は高いと言えます。

まずは意識を変えるためのきっかけをつかみましょう。

続く第4章からはいよいよ、あなたの「富のスイッチ」をONにしていきます。心の奥に根づいた「お金のメンタルブロック」の原因を特定し、それを外していくワークを詳しくご紹介していきましょう。

お金のメンタルブロックを解消するワーク

ブレーキを外す

▼

第4章で紹介

目的　**フラットな感情でお金と向き合える状態を作る**

【ワーク❶】お金のありのままの姿を知るワーク
【ワーク❷】お金への苦手意識を手放すワーク

お金を作り出すための行動を促すワーク

アクセルを踏む

▼

第5章で紹介

目的　**自分が求める「理想の未来」に向けて歩み出す**

【ワーク❸】人生の優先順位が見つかるワーク
【ワーク❹】理想の人生を表す「心の地図」を描くワーク
【ワーク❺】お金を生み出す行動が加速化するワーク

第4章

メンタルブロック解消！お金の悩みがなくなるワーク

やる人とやらない人では雲泥の差が出る

この章ではお金のメンタルブロックを解消し、フラットな感情でお金と向き合うためのワークをご紹介していきます。

いわば「ブレーキを外す」ものです。

ここでのワークは次の2種類に分かれています。

【ワーク❶】お金のありのままの姿を知るワーク
【ワーク❷】お金への苦手意識を手放すワーク

お金に問題を抱えている人は多くの場合、お金に対するメンタルブロックを持っていることは、すでにお話ししたとおりです。

元凶となっているメンタルブロックを解消しないことには、どんなにお金の問題を解決しようとしても、その方法が見つからなかったり、見つかっても続けることができずに再度挫折したりということが起こってきます。

だからこそ、まずはメンタルブロックを解消することが先決なのです。

とはいえ、メンタルブロックは昨日今日で作られたものではありません。もの心ついたときにはすでに心の中に根づき、時間の経過とともに強固な「信念」とも呼べるものになっています。

それを解消するのは決してたやすいことではありません。でもこのワークの効果はてきめんです。少し量は多いですが、取り組む価値のあるワークですので、ぜひやってみてください。

私の行っているコーチングプログラムにも取り入れているメソッドですが、これをやる人とやらない人とでは1年後に雲泥の差が出ています。

やった人は、自分が本当にやりたいことが何かを明確化できるようになります。そして、その夢や目標を達成するにはどうしたらいいか、アプローチの方法を真剣に考えるようになっていきます。

試行錯誤を繰り返しながら前に進めるようになったことや、今すべきことが何なのかわかるようになったことから、「お金に関して悩んでいるヒマがない」と感じるようです。

受講生のFさんは、「何もしないで『お金がない』と不安がっていた過去の自分は、いったい何だったんだろうと思います」と話してくれました。

Fさんの場合、将来の仕事に役立てるための勉強が優先順位の第一位だと気づいたため、お金や時間の使い方の見直しはもちろん、勉強に集中しやすい環境を作ることを中心に、生活全般を見直すようになったそうです。

「そうしているうちに、自然と無駄遣いをしなくなり、毎月一定額の貯金ができるようになってきました。ある程度まとまったお金になったので、そろそろ投資に回して将来本当にやりたいことをするための資金作りに取りかかりたいです」と話してくれました。


Fさんが特別なのではありません。

お金ときちんと向き合うことができるようになれば、誰でも目の前のお金の不安をなくすことができ、将来の希望が見えてきます。

ぜひ皆さんもワークを通じて、そんな体験をしてください。
では、メンタルブロックを解消するワークについて、順番にご説明していきましょう。

【ワーク❶】

お金のありのままの姿を知るワーク

繰り返しになりますが、本章で紹介する【ワーク❶】と【ワーク❷】、2つのワークの目的はお金のメンタルブロックを外すことにあります。

そのための第一段階として、お金に対するイメージをフラットに戻すためのワークが、この【ワーク❶】です。

たいていの場合、お金に対する意識にはその人なりの先入観とも呼ぶべき「独自の解釈」が入り込んでいます。

なぜならば、お金に関する体験はほとんど個人的なものなので、自分の経験の範囲内でしかお金を評価することができないからです。

そこで、あえて個人的な視点ではなく、「人類全体にとって」という観点からお金について考えてみようというのがこのワークのポイントです。視座を高く持ち、地球全体を俯瞰《ふかん》するつもりで、お金の持つネガティブな面とポジティブな面の両方を見ていきましょう。

具体的には、

STEP1　お金が人類にもたらした「ネガティブ」なこと
STEP2　お金が人類にもたらした「ポジティブ」なこと
STEP3　お金が自分個人にもたらした「ネガティブ」なこと
STEP4　お金が自分個人にもたらした「ポジティブ」なこと

という具合に、対象を変えてノートに書き出していきます。

「個人」という枠を取り払って、「人類」まで視野を広げて考えてみることで、それまで考えたこともなかったお金の姿が見えてきます。

このワークをクライアントさんたちにしていただくとき、それぞれ「50個ずつ書いてください」とお願いしています。

最初は「人類にもたらされたお金のネガティブな面を50個も書けるかな……」と懐疑的になる人がほとんどです。でも、それをあえてやってもらいます。もちろん私もヒントは出すようにしています。

今回は本を読んでやっていただくことになるので、ヒントとして例文を挙げておきます。多少、意味合いが重複してもかまいません。
例文をいくつか読んで、「なるほど。こういうことを書けばいいのか」とつかめたら、できるだけ自分で考えて書くようにしましょう。そのほうが深い気づきが得られます。

STEP 1

お金が人類にもたらした「ネガティブ」なこと

まず、人類にとってお金がネガティブに働く面を考えていきましょう。
例えば、以下のようなことが挙げられると思います。

【例文】

・富の不均衡が社会的不満や不平等を引き起こす
・金銭による人間関係のトラブルを生む
・賄賂《わいろ》や汚職などの不正行為を引き起こす
・環境破壊や自然資源の乱用が金儲けのために行われる
・貧富の差が激しくなると、貧困層の教育や健康へのアクセスが制限される
・詐欺を助長する

・お金の欲望が人々を無理な消費に駆り立て、地球環境の持続可能性に悪影響を与える
・金銭的なストレスが精神的な健康問題を引き起こす
・金銭的なストレスが身体的な健康問題を引き起こす
・人々が自己価値を給料や借金といったお金の量で測るようになり、自己肯定感に悪影響を与える
・人々が富を所有することを追求し、犯罪などの社会的問題を引き起こす
・お金を稼ぎたいがあまり、価値のない仕事に従事することで時間と才能を無駄にする
・金銭的報酬が純粋なイノベーションを抑制する
・お金に執着することで、精神的な充足感が損

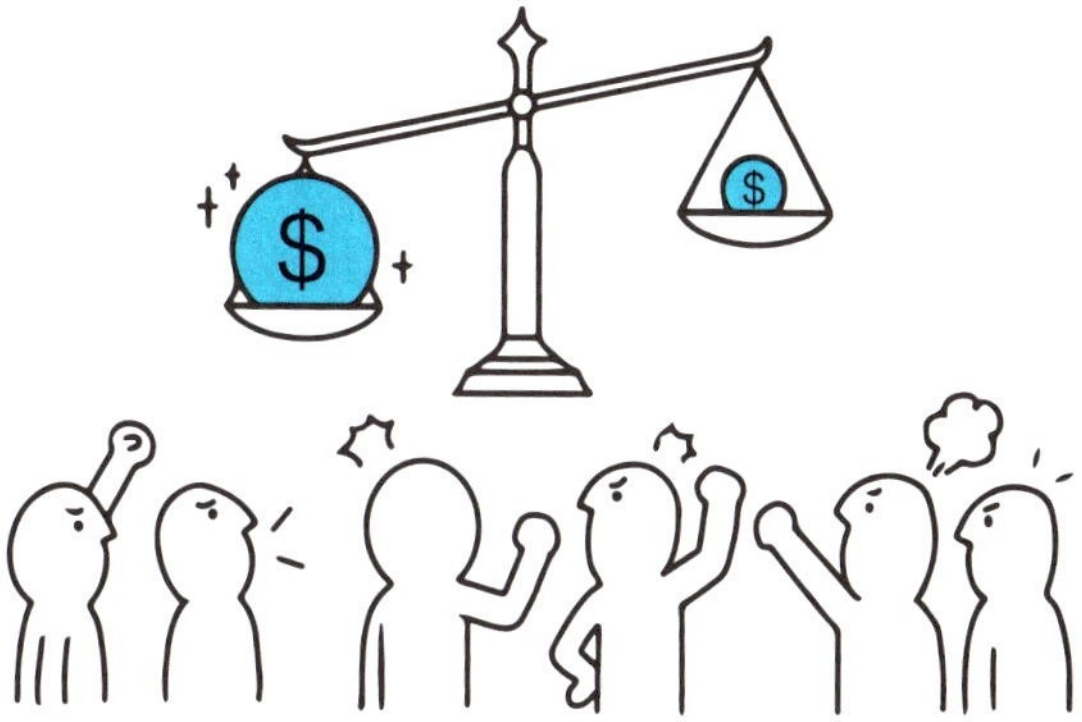

なわれる

・国のためを思う政治ではなく、金稼ぎのための政治が行われる
・お金を巡って国家間の戦争が起きる
・金持ちが法の下で特権的な地位を享受し、公正さが損なわれる
・心の豊かさを犠牲にしてでも経済的な成功を目指す不幸な人が増える
・お金を持つ人と持たない人の間で機会の格差が生まれる
・良質な医療を受けられる人と、そうでない人の格差が生まれる
・資本主義の競争原理が経済的不安定性をもたらす
・資本主義の競争で心が疲弊し、幸せを見失う人が増える
・資本家はお金の力で楽をする一方、労働者は搾取される
・経済的な成功が人々の幸福感や満足度に直接的な影響を与えるという誤った信念が広がる
・お金が原因の争いによって家族が崩壊する
・金銭的な報酬への欲が純粋な創造力を抑制する
・お金に執着しすぎることで内面的な豊かさが損なわれる

・倫理観よりもお金を持っている個人の欲求のほうが優先され、不平等な社会になる
・報酬目当ての迷惑系SNS発信者が世の中を騒がせることになる
・経済的に損する人を生み、誰かが不幸になる
・税金の徴収により国家が国民をお金で支配するようになる
・お金によって人々が欲深くなり、他者の利益を無視する
・金銭的な成功によって、偽りの友人や利用しようとしてくる人が増える
・金銭的な成功をすると常に人から狙われることを心配しなくてはいけない
・金銭的なストレスが原因で人生を楽しめなくなる
・人種や民族間の支配・被支配構造につながる
・強盗を助長する
・盗難を助長する
・家庭内暴力を助長する
・恐喝を助長する
・経済格差が広がると社会が不安定になる

・大衆はお金で支配され、やりたくもない仕事に一生を捧げる人を生む
・経済危機や貨幣価値の急激な変動による社会不安を生む
・過労死を助長する
・ギャンブル依存を助長する
・経済を優先するがあまり、伝統や文化が失われる
・税制の不平等を助長する
・移民問題を助長する
・利益を優先するがあまり、危険性の高い食品が市場に出回る
・老後の貧困問題を助長する

いかがでしょうか？　世の中を動かすのは経済なので、お金が人類にもたらしたネガティブな面はいくらでもあることが、おわかりいただけたと思います。

例文を参考に、ぜひ自分の言葉でお金が人類にもたらしたネガティブなことを書いてみてください。

STEP 2

お金が人類にもたらした「ポジティブ」なこと

次に、お金のポジティブな面に着目して考えてみましょう。こちらもあなた個人にもたらされたことという視点ではなく、「人類に対して」どんなことがあるかがポイントです。

例えば私なら、こんなことが挙げられると思います。

【例文】

・お金によって、物々交換よりも迅速で効率的な取引が可能となり、経済活動が活発化する
・お金があることで、専門化と分業が進んで生産性が向上する
・お金が世界の経済成長を促進する
・投資や資本形成が行われ、経済の拡大や発展が実現する
・お金を貯蓄し、資産を形成することができ、将来の不確実性に備えることが可能となる
・お金を通じて価値を計量し、異なる商品やサービスを比較することが容易に

なる
・各種インフラを整備し、経済発展を支えることができる
・イノベーションと技術の発展が促進され、社会の進歩が加速する
・お金を得る機会が増え、社会的な移動性が向上し、社会のダイナミズムが促進される
・お金があることで貧困を脱する機会が増え、貧困削減に寄与する
・教育制度を整備し、教育の普及を促進する
・医療インフラを整備し、医療の充実を図ることができる
・研究や開発を支援し、科学技術の進歩を促進する
・文化や芸術活動の支援が可能となり、文化的な豊かさを生み出す
・社会保障制度を構築し、社会の安定と公平を図る
・災害対策を強化し、被災者支援や復興活動を行う
・食料や支援を提供し、飢餓や貧困の撲滅を目指す
・警察や法執行機関を強化し、犯罪の抑止と防止に貢献する
・交通や通信インフラを整備し、人々の移動や情報伝達を促進する

・民主主義を支援し、市民の参加と意思決定の促進を図る
・人権や平等を推進し、社会の公正性と尊厳を保障する
・環境保護活動や持続可能な開発を支援し、地球環境の保全に貢献する
・企業が成長し、雇用機会が拡大することで、経済的な活性化が促進される
・通貨や貨幣制度を通じて国家間の経済的協力が促進され、国際関係が強化される
・生活水準が向上し、人々の暮らしや生活の質が向上する
・医療技術の発展や健康への投資が行われ、人々の健康状態が向上する
・教育機会が拡大する
・公教育の充実によって、人々の能力や知識が向上する
・新しい産業が興隆し、技術革新が促進される

・社会的インフラが整備され、生活環境が改善される
・人々の生活が便利で快適になる
・貧困層の支援が行われ、社会的包摂が促進されることで、社会の均衡が保たれる
・文化交流が促進され、異文化理解が深まることで、国際社会の平和につながる
・人々が希望や目標に向かって挑戦し、成長や達成感を得ることができる
・社会的安定が維持され、法治国家が構築されることで、社会秩序が維持される
・地域間の格差が縮小し、地域振興が促進されることで、地域社会の発展が促進される
・リサイクルや資源の再利用が推進され、環境への負荷が軽減される
・協力と連帯が促進され、社会的なつながりが強化される
・アートやエンターテイメントが発展し、人々の文化的な豊かさが増す
・自由と権利が保障され、民主主義社会が構築される
・災害時の支援や復興活動が行われ、被災者の支援が促進される
・新しい産業分野が創出され、ビジネスの多様化が進む

・持続可能なエネルギーへの投資が行われ、環境保護が促進される
・コミュニティの結束が強化され、共同体の発展が促進される
・テクノロジーが普及し、デジタル化が進むことで、社会の便益が増大する
・クリエイティビティやアイデアが育成され、新しい価値が生み出される
・公共サービスが充実する
・その結果、より多くの人々が公共サービスを利用できるようになる
・公共サービス提供の範囲が拡大し、地域や社会全体に公平なアクセスが実現する
・公共サービスの充実により、社会的に弱い立場の人々や地域も十分なサポートを受けることができて公平性が増す

これらを参考に、自分の言葉でまとめていただければと思います。

このワークを通じて、この地球上に生きる人類全体にとっても、お金は使い方次第でネガティブな性質を持ったり、ポジティブな性質を持ったりするものだということを実感できたのではないでしょうか。

では次に、視点を「自分個人」に移して、あなた自身にもたらされたお金のネガティブな面・ポジティブな面の両方を考えていきましょう。

STEP 3

お金が自分個人にもたらした「ネガティブ」なこと

まずは、あなた自身にとってお金が原因でもたらされたデメリットを考えてみてください。

例えば、こんなことがデメリットになるのではないかと思います。

【例文】

・無職の時代、経済的な余裕がなかったため、健康保険に加入できず、病気をしたときに病院に行けなかった

・10代の頃、経済的な制約から栄養バランスのいい食事を摂ることが難しく、健康状態が悪化した

・その結果、通院が経済的な負担となり、必要な医療を受けられないまま病気

が悪化した
・お金がないため、希望の大学への進学をあきらめた
・大学進学ができず、キャンパスライフの夢を失った
・就職活動の際、経済的な制約により希望する企業への応募や受験をすることができず、キャリアの可能性が狭まった
・低所得のため、高額な教育費や専門的なスキル習得の費用がまかなえず、キャリアアップの機会を逃した
・資金不足のため、独立開業や起業の夢を実現できず、才能やアイデアの発展が阻害された
・経済的な制約から、旅行や留学といった自己成長の機会が制限され、世界観の拡大が妨げられた
・経済的な余裕がなかったため、新たな出会いや人間関係の機会が制限され、人生の豊かさが損なわれた
・興味を追求するための活動や趣味品の購入ができず、ストレス解消の手段が制限された

・経済的な余裕がなかったため、住環境が悪化した
・ローンの負担が経済的ストレスとなり、精神的な健康に影響を与えた
・緊急時に必要な貯金がなかったため、予期せぬ出費により借金を重ね、経済的な困難に直面した
・歯の治療ができず、前歯がなくなった
・自分だけ海外遠征に行けなかった
・自分だけ留学できなかった
・子どもが進学する際、教育費をケチってしまった
・お金がなくて、いつも出費するたびにドキドキする生活だった
・卒業旅行先をケチってしまった
・ローンでお金が回らなくなり、自己破産した
・家にお金がなかったため誕生日とクリスマスプレゼントを一緒にされていた
・お金がなく毎日コンビニ弁当で過ごしていた
・お金がなさすぎて一時帰国できず、丸5年帰ってこられなかった
・お金を追い求めすぎて人間関係がこじれてしまった

・お金を持つことで失う恐怖が出てきて、心が休まらなかった
・お金があることで、虚栄心や優越感が育ち、マウントを取って他者との人間関係が損なわれた
・親族にお金をせびられた
・公共料金を滞納し、水と電気がストップした
・ギャンブルにハマってしまった
・借金で首が回らなくなってしまった
・詐欺に遭ってしまった
・詐欺とはわからずに友人に勧めてしまった結果、その人からの信用を失った
・お金を貸した相手が飛んでしまい、裏切られて傷ついた
・人を信用するのが怖くなってしまった
・お金に絡む裁判に時間と費用がかかった
・お金の問題によって夫婦間の対立が増大し、

家族関係が悪化した

・特に財政面での意見の食い違いから、親子や夫婦の間での衝突が絶えなくなり、家庭内で常に緊張した状態が続いた

・お金がないので車を買い替えられず、ボロボロの車に乗っていた

・お金がないから毎回、友人からの誘いを断らないといけなかった

・お金がある人とない自分を比べて自己肯定感が下がった

・お金のことが心配すぎて、メンタルを病んでしまった

・金銭問題が切迫してくると、人の話や今この瞬間に集中できなくなる

・お金のことで両親が不仲になり離婚した

・両親が離婚したせいでいじめられた

・両親が離婚したせいで、弟の面倒を自分が見なければいけなかった

・お金を持っていたらカツアゲされた

・成果が上がらない自分は給料泥棒なんじゃないかと自尊心が低下した

・金銭問題に追い詰められて犯罪を犯してしまった

・お金を出してくれる人の干渉や束縛があり、自由を奪われた

STEP 4

お金が自分個人にもたらした「ポジティブ」なこと

最後に、お金によってあなた自身にもたらされたポジティブな面について考えていきましょう。

お金があると、いろいろなことが実現可能になります。あなたにとってお金のメリットは何でしょうか？　50個以上書いてみてください。

例えば、こんなことがメリットになるのではないかと思います。

【例文】

・お金を使って健康保険に加入し、医療費の負担を軽減できている
・健康的な食事を摂ることができている
・それによって5年間、病院に行っていない
・大学まで出ることができた
・それにより上場企業に入社できた
・その会社でしか身につけることのできないスキルが身につき、そのスキルを

使って独立できた
・旅行や留学によって世界を広く知ることができた
・留学先の○○で、生涯の友人Aに出会った
・Aがスキーにハマっていたから、自分もハマり、生涯の趣味になった
・趣味のスキーにお金を使うことでストレス解消ができている
・10年前、希望の物件に入居することができた
・6年前、希望の物件に入居することができた
・3年前、希望の物件に入居することができた
・2カ月前にスマート家電を買って、家事を時短できている
・8カ月前に新しいスマホを買って、作業効率が上がった
・緊急時に備えて十分な貯金を持つことができている

・異業種交流会に行って知見や人脈を広げられた
・昨日、待ち合わせ場所へタクシーを使ったことで間に合った
・自己投資やスキルアップのための講座を受けることができる
・健康診断を毎年受けられている
・その健康診断で異常が見つかり、早期発見・治療が可能になった
・1週間前にBさんにプレゼントを渡すことができ、喜んでくれた
・結婚式を挙げることができた
・ボイストレーニングを受けられている
・毎晩お風呂に入ることができている
・Cさん主催の11月の飲み会に参加できた
・その飲み会で出会ったDさんから不動産投資についての貴重な情報を聞くことができた
・推し活に毎月◯万円使えている
・先月のコンサートに参加できた
・子どもを塾に通わせることができている

・子どもが塾に行っている間、楽ができる
・子どもが塾に行っている間、私は家でドラマをゆっくり見られる
・中学生のとき、ギターを買って音楽仲間がたくさんできた
・そのギターを演奏して賞を取ることができた
・先週、Eくんとデートに行けた
・健康的な食事を摂れていて、毎日の体調が良い
・健康的な食事を摂ることで、肌の状態がよくなり美容効果も得られる
・お金があるときはストレスが少なく、心身共に健康的な生活が送れる
・先月、投資の本を購入して知見が広がった
・その本に書いてあったことを参考に投資をしたところ、利益が出た
・新しい自転車を購入し、健康的な移動手段を確保できている
・新しいスポーツ用品を購入して運動不足が解消したため、健康な体を維持できている
・虫歯になったときに最新技術を駆使した自由診療が受けられた
・サプリメントを購入し、健康維持に役立てることができている

・ジムに通い、健康的な体を作ることができている
・そのジムで出会ったFさんから海外の話を聞き、感化されて去年初めて海外旅行に行くことができた
・保険に加入しているので安心できている
・先日、寝具を新調し、快適な睡眠環境を整えることができている
・2日前にタクシーに乗って楽に移動した
・5日前にタクシーに乗って楽に移動した

さて、いかがでしょうか。昨日お風呂に入ることができたのも、健康保険のおかげで安心していられるのも、お金があればこそです。

あなたにとってのメリットはどんなことがありそうですか？　思いつくままにどんどん書いてみてください。

もちろん50個以上になってもOKです。

このワークを通じて、お金は人類にとっても、あなた個人にとっても、使い方次第

でネガティブな性質を持ったり、ポジティブな性質を持ったりするものだと実感できたと思います。

お金によるデメリットについて考えるのは、精神的負担が大きかったかもしれません。でもそれこそが、あなたにとって今まで目を背けてきた「お金の真実」なのです。

その一方で、お金のメリットが想定した以上にたくさんあったことにも気づけたのではないでしょうか。

お金にはデメリットがある反面、メリットもあり、メリットがある一方でデメリットもあります。そもそもお金とはそういうものなのです。

お金自体はいいものでも悪いものでもありません。お金のポジティブな面が引き出されるか、ネガティブな面が引き出されるかは使い方次第です。

【ワーク❶】を終えたあなたは、お金に対して偏見のないニュートラルな感覚を持つことができるようになりました。

その感覚を持ったまま、次の【ワーク❷】へと進んでいきましょう。

【ワーク❷】
お金への苦手意識を手放すワーク

このワークの目的はお金に対して、あなたが持っているメンタルブロックを解消することです。

本書で何度も繰り返しお伝えしているように、お金の問題や不足を抱えている人には、お金を遠ざける思い込みやメンタルブロックがあります。また、それは過去の経験がきっかけで、あなた自身が持つことになった「解釈」によって形成されたものです。

例えば私の場合は、親からお金をもらって喜ぶ姿を「いやらしい」と言われてショックを受けたことで、「お金を求めたり、得て喜んだりするのはダメなことなんだ」と解釈し、お金が必要なのに積極的に追い求められなくなったことは前述したとおりです。

そして、忙しく働きつつも「うちにはお金がない」と口にする親を見て、「働くことはつらく忙しい、割に合わない」と解釈し、働く意欲を持てなかったことにも触れました。
この【ワーク❷】は、自分でも気づいていなかった、そうした解釈を表面化し、変化させていくためのワークです。次の4つのSTEPで構成されています。

STEP 1 お金にまつわるネガティブ感情の源を明らかにする

あなたのメンタルブロックは、過去の経験が原因となっています。特にネガティブ感情（不安、恐怖、悲しみ、怒り）を誰かから感じさせられた出来事が原因であることが多いです。その原因となった出来事を客観的に思い出して書き出しましょう。

↓

STEP 2 自分も他者に同じ行為をしていたことを自覚する

あなたのメンタルブロックが形成されたきっかけとなった行為と同じことを、あなた自身も他者に対して行っています。そのことを思い出して書き出しましょう。

↓

STEP 3 ネガティブ感情の源となった行為が、自分や他者の成長につながっていたことを知る

そのお金のメンタルブロックが、自分にとってデメリットだけでなくメリットももたらしたことを自覚し、書き出しましょう。

↓

STEP 4 ネガティブ感情の源となった相手が、正反対の性質も持っていたことに気づく

あなたにとってお金のメンタルブロックを作った人物が、それとは正反対の性質も持っていたことを思い出して書き出しましょう。

このワークは、アメリカ出身の世界的な人間行動学者であるジョン・ディマティーニ氏が考案した「ディマティーニ・メソッド®」をベースにして、私がお金のメンタルブロックを解消するためにオリジナルで考案したものです。

順を追ってワークを進めていくことによって、さまざまなメンタルブロックを外し、【ワーク❶】で取り戻したお金に対するニュートラルな感覚をより確かなものにするメソッドになっています。

その根底にあるのが、「人生に起こる出来事のすべては、私たち人間が解釈を加えるまではまったくニュートラルなものである」というディマティーニ氏の理念であり、このメソッドの原則です。

すべてのSTEPを一日で終える必要はありません。一日に1STEPずつ進めたり、何日かに分けたりと、自分の都合に合わせて無理のないように取り組んでみてください。

ただし、行うときはSTEPとSTEPの間を何日か空けるよりは、「短期集中」「毎日コツコツ」がお勧めです。そのほうが変化は早く訪れるでしょう。

では、各STEPの具体的な書き方についてご説明していきましょう。

STEP 1

お金にまつわるネガティブ感情の源を明らかにする

まずは、【ワーク❷】の最初のSTEPです。

あなたのお金に対するメンタルブロックが作られるきっかけとなった、他者の行為を特定しましょう。

親や親戚の大人たち、教師、あるいは経済的成功者やお金持ちの人と接触した中で、

あなたが不快に感じたことや、あなたにとってお金や労働に対するネガティブなイメージとなったことを思い出していきます。

ポイントは「他人のうわさによるものではないこと」です。あなた自身が実際に見聞きしたり体験したりしたことで、それがいつだったかおおよその日時や場所、そのときの状況が特定できることが大切です。

「間違いなく自分に起こったこと」と確信できる出来事だけを対象にします。

例えば、親に「子どもがお金のことを口にしてはダメ」と言われたことがあり、お金の話題になると反射的にそれを思い出してしまって、お金について語ることに抵抗を感じるとしましょう。

それが「いつ（何歳、何年生）のときだったか」「どこで言われたのか（場所）」「そのときの相手の口調はどんなふうだったのか」「周りには何があったのか、誰がいたのか」というふうに、できる限り詳細に書いていきます。

あるいは、自分自身に対してではなく、自分以外の人に対するお金や仕事にまつわる発言・行動で、不快に感じたことでもかまいません。その際、映画やドラマでも見ているつもりで、客観的にその場面を思い出すのがポイントです。

この説明だけではわかりにくいと思うので、文例を挙げてみましょう。

【例文】

・高校3年生の夏、家のリビングで休日の夕方頃、父親から「国公立の大学に現役で合格しないと学費は出さない」と言われた瞬間
・32歳の11月深夜、詐欺被害に遭ったことを自宅の部屋で悟った瞬間
・小学校4年生の春、夕方頃、祖父母からもらったお小遣いを見て喜んでいたら、「金をもらって喜ぶなんてはしたない」と母親に言われた瞬間
・中学2年生の冬、学校から帰ってきた夕方6時頃、母親が「うちにはお金が

ないから」と言っているのを聞いた瞬間
・大学2年生の頃、休憩時間の14時頃にバイト先の社長（経済的成功者）に目も合わせてもらえず、存在をないがしろにされたと感じた瞬間
・中学3年生の冬、早朝、ワンオペで忙しく働く母親がしんどそうに朝出勤していくのを見た瞬間
・3年前の春、15時頃のミーティングで経済的成功者のAさんが部下であるBさんにとんでもないパワハラをしていたのを見た瞬間

いかがでしょうか？　3つか4つくらいは出ましたか？
その中であなたがいちばん「嫌だった」と感じた事柄を特定し、次のSTEPに進みましょう。

STEP 2

自分も他者に同じ行為をしていたことを自覚する

1つ目のSTEPで明らかになった、お金に関してあなたが最も嫌だと思った発言や行動は、あなたにとってどんな意味を持っているかを考えましょう。

どうしてそんなに「許せない」と感じてしまうのでしょうか。この「意味を考える」というのがとても大切です。

例えば、あなたが進学するとき、父親の「金ばかりかかるな」などお金をケチるような言動が、人生でいちばん不快な「お金に関する思い出」だったとします。

もしもこれが、「家族（＝親しい人）のための出費をケチる」という意味を持つのだとしたら、あなた自身も家族や友人など親しい人のためのお金をケチったことがないかどうかを考えてみてください。

誕生日プレゼントをくれた友達に対して、「金欠だから」という理由でその友達の誕生日は忘れたふりをしてプレゼント代をケチったり、演劇をやっている友達にチケットを買わされるのが嫌で、公演前には顔を合わせないようにしたり……。

誰かにされて「嫌だった」ことを、人は驚くほど他人に対してもしているものです。できれば20個以上、思いつく限り書き出しましょう。

ここで重要なのは、起きた出来事は同じでも、「それが自分にとってどういう意味を持つのか？」「なぜそのことが嫌なのか？」は人それぞれ異なるということです。

例えば、ある人にとっては「家族のための出費をケチる」ことが許せないと感じるかもしれません。一方、別の人にとっては「自分の将来のための投資を軽視された」ことが許せないと感じるかもしれません。また、別の人は「あの大切なタイミングであんなに気分が下がることを言われた」ことに強い抵抗を感じるかもしれません。

このように、同じ出来事でも、自分にとってどのような意味を持つのかによって、その影響や対処方法も変わってきます。

だからこそ、まずは自分にとってその出来事がどんな意味を持つのか、なぜそれほど嫌だと感じるのか、をしっかりと明らかにすることが大切なのです。

そのうえで、自分自身の行動を振り返り、同じようなことを他者にしていないかを考えてみましょう。

【例文①】その行為が「親しい人への出費をケチる」という意味を持つ場合

・友人の20歳の誕生日のとき、金欠だったので誕生日を忘れたふりをしてプレゼントをあげなかった
・22歳の秋、友達が出演する演劇の公演チケットを買わされるのを避けるため、しばらく顔を合わせないようにした
・25歳の9月、母親の誕生日にプレゼントを買わなかった
・28歳の12月、子どもの誕生日とクリスマスを一緒にしてプレゼントを1つしかあげなかった
・32歳の2月、子どものためのプレゼント代をケチって極力安く済ませた
・37歳の5月、家族旅行を節約のために国内で済ませた
・42歳の1月、子どものための出費をケチって学費が安い学校に入学させた

【例文②】その行為が「相手の意向を無視して自分の都合を押しつける」という意味を持つ場合

・13歳の夏休みに弟が○○の映画を見たがっていたのに、自分の都合で△△の映画を見たいと言い、わがままを押し通した
・25歳の5月、彼女が3泊で旅行に行きたいと言っていたのに、出費が痛かったので1泊で押し通した
・33歳の3月ごろ、友人Aさんはまだ買い物したそうだったけれど、私は疲れたので帰ることにした
・先月、子どもが体調を崩しているのに友人たちとの約束を優先して十分にケアしなかった
・昨日、取引先が早急な対応を求めているのを知っていたのに、自分が疲れているからと連絡を先延ばしにした

【例文③】その行為が「嫌味を言ってわざと他人を傷つける」という意味を持つ場合

・昨日の昼、母親に対して、昔の出来事を蒸し返して責めた

・28歳のとき、夫の給料が低いことをわざわざあげつらって責めた
・32歳の秋、生徒を叱る際にわざと冷たく言って傷つけた
・37歳の9月、子どもが言うことを聞かないので、わざとよその家の子と比較して叱責した
・昨日、周りの人たちにもわざと聞こえる形で部下のミスを何度も指摘した

いかがでしょうか。あなた自身も誰かにとっては、メンタルブロックの要因を作った張本人だったことを自覚できたのではないでしょうか。

人は自分が「されて嫌だったこと」については恨みがましくいつまでも覚えていますが、自分自身が「やって相手に嫌がられたこと」については驚くほど無自覚な生き物です。

このことが理解できると、ものの見方が自分中心ではなくニュートラルで公平なものになっていきます。

STEP 3

ネガティブ感情の源となった行為が、自分や他者の成長につながっていたことを知る

1つ目のSTEPで特定した、お金に関する最も嫌だった経験。その瞬間から現在に至るまでの間に、その経験がもたらした「思わぬ良い影響」についても考えてみましょう。

「あんなに嫌な思い出に、良い影響なんてあるわけがない！」と思われるかもしれません。しかし、実はよく振り返ってみると、予想外の成長や学びがあったことに気づくかもしれません。

例えば高校3年生の夏に、父親から「うちの経済力では私立大学には行かせられない。国公立以外は学費を出さない」と言われた場合を考えてみましょう。一見厳しい言葉に思えますが、この経験からどんな良い影響があったでしょうか。

ここで大切なのは、単に「反面教師になった」という見方ではありません。そういった見方では、その経験に対するネガティブな認識が残ったままだからです。

代わりに、その経験が自分の成長や人生にどのような前向きな影響を与えたかを探ってみましょう。

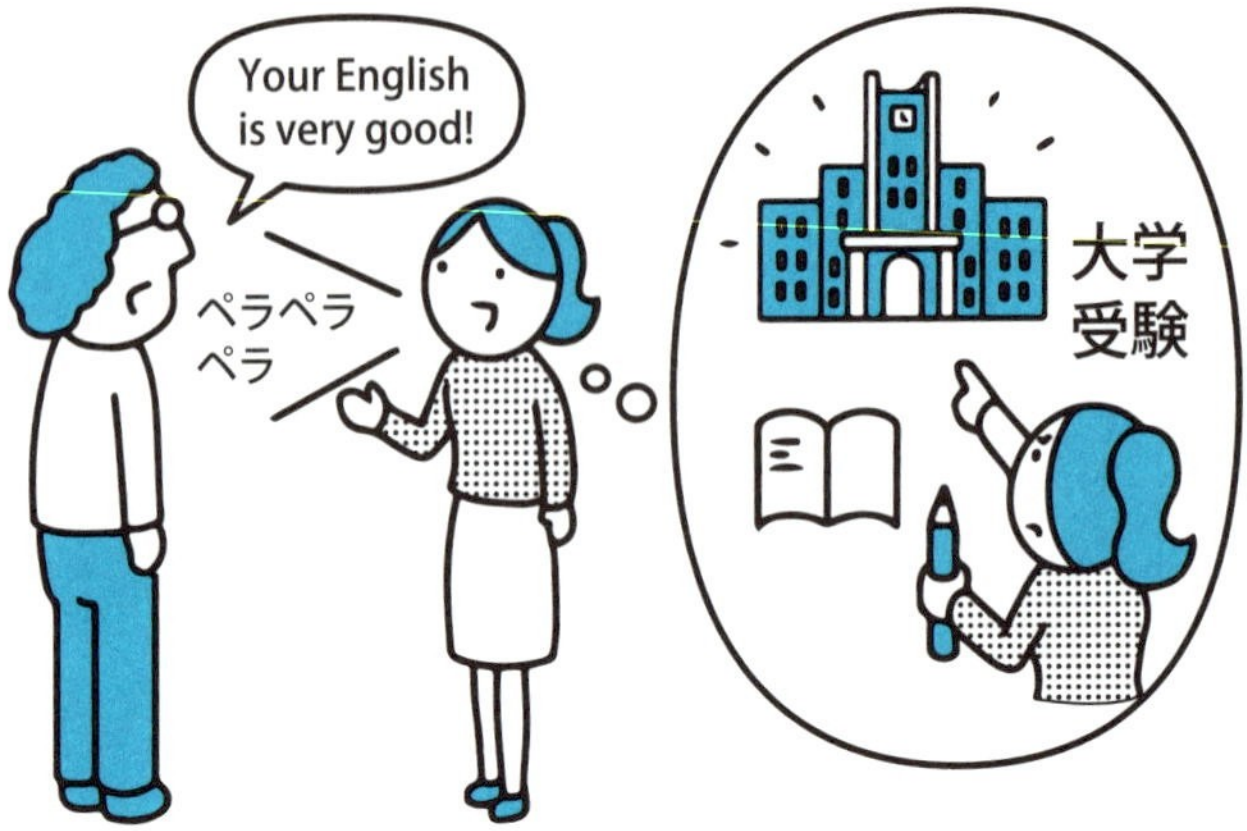

また、自分に直接向けられた言動でなくてもかまいません。
例えば、「経済的成功者が同僚を厳しく叱責した」という場面を目撃した場合、叱責された同僚にとって、どんな予想外の良い影響があったかを考えてみるのも有効です。
このワークの目的は、過去のネガティブな経験を単にポジティブに見ることではありません。むしろ、一見ネガティブに思える経験の中にも、成長や学びの機会が隠れていることに気づき、より柔軟な視点を養うことにあります。
この3つ目のSTEPによって、自分にとって心の傷になっていたお金や仕事に関する嫌な思い出が、負の面ばかりをもたらしたわけではなかったことに気づくでしょう。

【例文①】「国公立大学以外は学費を出さない」と言われた経験

・やばいと思ってその日から本気で勉強した結果、国公立には行けなかったが納得のいく私立大学に現役入学できた
・その私立大学に入って友人AやBと出会い、刺激を受けることで自分としては納得のいく金融業界の会社に就職することができた
・国公立大学には行けなかったが、奨学金をもらいながら私立大学を卒業したことは自信になった
・受験時に本気で勉強し始めた英語が好きになり、英会話が上達し、一人で海外旅行に行けるまでになった
・そこから受験のために入った塾で旧友Cと小学校以来の再会を果たし、いまだに家族ぐるみのつき合いをしている
・受験で必死に努力したので打たれ強くなり、ある程度は根性で粘れるようになった

・親への依存心がなくなり、自立心が芽生え、今でも他人への依存を極力せずに自立して生きられている
・勉強以外にも、奨学金申請など実生活の手続きに慣れた
・勉強することの楽しさを知り、知識欲が高まった
・目標に向かって計画を立て、実行する習慣が身についた
・学生時代、時給のいいアルバイトをすることで効率よく稼ぐことができた
・将来のために節約や資金管理のスキルを身につけた
・本気でやれば、１００%はうまくいかなくても最終的には何とかなることを学んだ
・親の厳しい要求に直面した経験から、社会人になってからも顧客からの厳しい声に対応できている
・「失敗しても大丈夫だ」という自信が持てるようになった
・時給のいいアルバイトに慣れていたので、会社選びも給与がいいところを基準に選ぶことができた
・その結果、就職浪人することなく有名企業に就職できた

・国公立受験で理数系の勉強もしていたので、文系とはいえ数字が得意。営業職に活かすことができている
・高校でも同じ国公立大学を目指す仲間との縁ができ、そのときに仲よくなったことがきっかけで、いまだに良好な関係が続いている
・やるべきときは集中してやる癖がついた

【例文②】経済的成功者Aさんが、同僚Bさんにパワハラしたのを見た経験

これ以前の例では、誰かの自分に対する言動を不快に感じたことについてのワークだったので、自分にとってのメリットを探しました。

しかし、この例ではAさんのBさんに対する言動を見て不快に感じたことに関するワークですので、Bさんへのメリットを20個以上探して書き出します。

また、もしAさんとBさんのやりとりを見て、自分に何か被害やデメリットがあったと感じる場合は、自分へのメリットも20個以上探して書き出してください。

・Bさんはダブルチェックを徹底するようになり、ミスが大幅に減少した
・ミスの減少により、Bさんの社内評価が向上した

・Bさんは同僚や上司との良好な関係構築の重要性を再認識した
・Bさんは自身の長所と短所を客観的に分析する機会を得た
・Bさんは自身の権利と尊厳について深く考えるきっかけを得た
・同情したCさんがBさんを慰め、新たな支援者を得た
・同情したDさんとBさんは親密な友人関係を築いた
・Bさんはこの経験を活かし、新入社員への指導力が向上した
・Bさんはメンタルケアやセラピーについての知識を深めた
・Bさんは自己啓発の一環として複数の資格を取得した
・Bさんのストレス耐性が向上した
・Bさんは自助グループに参加し、そこで恋人と出会った
・Bさんの言語化能力が向上し、プレゼンテーションスキルが磨かれた
・心理学や自己啓発本を通じて、Bさんの性格がより穏やかになった
・性格の変化により、Bさんの人間関係が全般的に改善した
・Bさんは自身の経験を活かし、後輩や部下の良き相談相手となった
・一時的に実家で療養し、家族との絆を深める時間を持った

・職場での権利や労働法について学び、同僚たちの相談役になった
・タイムマネジメントスキルを向上させ、仕事の生産性が大幅に上がった
・この経験を乗り越えたことで自信がつき、社内での評価が向上した

STEP 4

ネガティブ感情の源となった相手が、正反対の性質も持っていたことに気づく

あなたは1つ目のSTEPで特定した人の発言や行動によって、お金や仕事に対するネガティブな感情を抱くようになりました。

でも、その人はあなたに対して本当にいつ何時でも、常にそのような発言や行動を示していたでしょうか？

このSTEPでは、あなたが見ていたのは、その人の性格やお金・仕事に対する価値観の一部であって、全部ではなかったということを解明していきます。

特定した人が、正反対の意味を持つ発言や行動を示したシーンを思い出し、書き出してみましょう。

例えば、父親に「お金がないから国公立大学以外、授業料は出さない」と言われたことを、あなたが「自分に対してお金を使おうとしていない。ケチだ」と思ったとし

ましょう。

でも、父親はいつもケチなわけではなく、気持ちよくお金を出してくれたこともあったかもしれません。

あるいは、もう1つの経済的成功者Aさんが同僚を激しく叱責した例でも、このことがきっかけであなたは「経済的成功者は恐ろしい」というイメージを持ったかもしれませんが、Aさんの「恐ろしい」とは正反対の性質も、あなたは見たことがあるかもしれません。

あなたがお金や仕事のことで抵抗を感じる相手について、あなたが今まで見落としていた意外な側面を見つけていくワークになります。

【例文①】学費を出さないと言った父親。その発言や行動が「出費をケチる」という意味を持つ場合

・3歳のとき、プロの写真家による家族写真の撮影にお金を使った
・6歳で私立の小学校に入学する際に多額の学費を払ってくれた
・7歳のお正月にお年玉を1万円くれた
・8歳のクリスマスに欲しかったゲームを買ってくれた
・9歳の秋、運動会で使う運動具や服装を新調することにお金を使ってくれた
・10歳の春ごろに家族で外食に行き、「なんでも選んでいい」と言われた
・11歳の8月、塾に入れられた（塾の費用を支払ってくれた）
・12歳の夏、部活の遠征費を出してくれた
・13歳の夏休みに家族5人でヨーロッパ旅行に行った
・14歳の誕生日に欲しかったギターを買ってくれた
・15歳の夏、学校の修学旅行代を出してくれた
・16歳の春、高校の入学費を出してくれた
・16歳の7月、部活の地方遠征の試合を見にきてくれた（私の活躍を見るため

に移動費を支払った）
・17歳の春から塾に入れられた（塾の費用を出してくれた）
・大学卒業前に、初めての就職用にスーツやビジネス用品を購入してくれた
・結婚するときに結婚式の費用を一部負担してくれた
・私の子どもが生まれたときにベビーカーを買ってくれた
・私が独立して家を出るまで、家の光熱費を負担してくれた
・私が独立して家を出るまで、家の水道代を負担してくれた
・私が独立して家を出るまで、食費を負担してくれた

【例文②】同僚Bを激しく叱責した経済的成功者Aさん。その発言や行動が「人を否定する、傷つける」という意味を持つ場合

・新入社員の歓迎会で、Aさんが温かいスピーチをした
・4カ月前、部下が病気で休んだとき、Aさんが個人的に見舞いの電話をした
・先週の飲み会で部下に気前よくおごっていた
・2カ月前、会社で困っている同僚Bの仕事を、Aさんが自ら進んで手伝った

- 先日、業務ミスをした部下Cを、Aさんが上司からかばった
- 今春の社内旅行で、Aさんが率先して重い荷物をみんなのために運んでいた
- 去年の4月、長期病欠していた社員の復帰を、Aさんが温かく迎えた
- 3週間前、部下の誕生日を覚えていて、Aさんがケーキでサプライズをした
- 先月、残業が続く部署にAさんが差し入れを持ってきた
- 今朝、自ら元気な挨拶を私にしてきた
- 3年ほど前、仕事で悩む同僚Dを会社帰りに慰めていた
- 先週、新入社員からの意見を柔軟に聞いていた
- 先月、部下Eのプレゼンを聞いて褒めていた
- 2年前、部下の家族の緊急事態に即座に休暇を承認した
- 3日前、同僚同士の会話で夢や目標を聞き、他人の夢を応援していた
- 今日、退社間際に、部下Fの話を否定せずに聞いていた
- 2カ月前、部下が提案した業務改善案を即座に採用した
- 2週間前、部下の新しいビジネスアイデアを熱心に聞いていた
- 昨晩遅くまで、困難なプロジェクトに取り組む部下たちを励ましていた

・5日前、部下Bからの報告を静かに聞き、アドバイスはしていたものの特に否定はしていなかった

これで、お金のメンタルブロックを外すワークはおしまいです。お疲れさまでした。

ここまでの【ワーク❶】と【ワーク❷】は、お金に対する思い込みをニュートラルな状態に戻すためのものです。

人類全体、地球全体にとっても、そしてあなた個人にとっても、お金には正の面と負の面の両方があることを心底実感できたのではないでしょうか。その実感が持てた段階で、お金のメンタルブロックはほぼ外れたと言えます。

もし、まだ腹落ちできないのであれば、後日またこのワークを行ってみてください。書けば書くほど、お金には正の面と負の面が同じ分量だけあることを感じられるようになり、あなたのメンタルはニュートラルな状態に近づいていくことでしょう。

次の第5章では、ブレーキを外した後の、いわばお金を作り出すためにアクセルを踏むワークを紹介していきます。

第5章

理想の豊かさを生み出す体質になれるワーク

「楽をして稼ぐ」ための本当の道すじ

お金のメンタルブロックが解消できたら、次は「お金を作り出すこと」に向けて具体的な行動を始めるときです。しかし、その前に重要な認識を共有したいと思います。

「楽をして大金を稼ぐ」ということは、実際に可能です。

ただし、そこに至るまでの道のりは、多くの人にとって決して楽ではありません。なぜなら、自分自身のお金や仕事に関するセンスを磨き、以前は困難だったことが容易にできるようになるまでに成長する必要があるからです。

つまり、自分にある程度の負荷をかけ、継続的にトレーニングをしていく必要があります。これは投資であれ、仕事であれ同じことです。

投資で成功するためには、市場を読む目を養い、リスク管理能力を磨く必要があります。仕事で稼ぐ場合も、自身のスキルや知識を磨き、価値を高めていく必要があります。

そして、一度ある程度以上のレベルに達すれば、以前は難しかったことが簡単にできるようになり、より効率的に大きな収入を得られるようになります。

結果として得られる大金は、外から見れば「楽をして」得たように見えるかもしれません。しかし、そこに至るまでには相応の努力と成長が必要不可欠なのです。

このプロセスを経て、初めて「楽をして大金を得る」という状態に近づくことができるのです。そして、このプロセスこそが、これから紹介するワークの本質です。

今、日本に暮らす私たちは、国や会社任せではなく、自助努力でお金の問題に対処しなければならない時代に入りました。そうした時代では、一人ひとりが「人生の経営者」としての意識を持ち、自らお金を作り出す工夫をする必要があります。

そこで、本章では次の3つのワークを通じて、あなた自身の「楽をして稼ぐ力」を養っていきます。

【ワーク❸】人生の優先順位が見つかるワーク
【ワーク❹】理想の人生を表す「心の地図」を描くワーク
【ワーク❺】お金を生み出す行動が加速化するワーク

【ワーク❸】では、自分がどういうジャンルならばお金を作り出せる可能性が高いかを特定します。

【ワーク❹】では、その特定したジャンルを仕事に結びつけることによって得られるメリットと、結びつけなかった場合のデメリットを明確にします。

最後に【ワーク❺】で、具体的な行動計画を立てます。

これらのワークは、「楽をして稼ぐ」ための準備段階であり、必要不可欠なトレーニングです。一見遠回りに見えるかもしれませんが、このプロセスを経ることで、将来的に本当の意味で「楽をして稼ぐ」ことができるようになるのです。

ワークの分量は少なくありませんが、毎日少しずつでも構いません。あなたの豊かな未来への投資だと思って、ぜひ順番に進めてみてください。

【ワーク❸】
人生の優先順位が見つかるワーク

このワークでは、自分の生活が何で成り立っているかを考えて要素を抽出していきます。たいていの人の生活は、以下の要素で成り立っていると思いますので、これをこのまま利用していただいてかまいません。

私が想定した「人生を成立させている要素」は次の10個です。

- 仕事（やりがい、収入）
- お金（資産形成、投資、貯蓄）
- 趣味・余暇
- 人間関係（家族以外）
- 家族関係（恋愛含む）
- 住環境
- 健康
- メンタル・心の健康

● 美容
● 教養・教育

STEP

人生への情熱を明らかにする4つの質問

これらのジャンルのうち、過去3カ月を振り返って、次の問いに答えましょう。
質問は4つあります。

質問1　あなたのパーソナルスペースを占めているものは何ですか？
質問2　あなたが多くの時間を費やしていることは何ですか？
質問3　あなたが多くのエネルギーを注いでいるものは何ですか？
質問4　あなたが多くのお金を使っていることは何ですか？

それでは、順番にご説明していきましょう。

質問1　あなたのパーソナルスペースを占めているものは何ですか？

人は価値を感じているものであればあるほど、身近に置きたいと思うものです。この質問によって、あなたの人生の優先順位の一角がわかります。

自宅や職場の机の上にあるもの、普段持ち歩いているもの、自宅に飾ってあるものなどから、パーソナルスペースを占めているものベスト3を考えてみてください。移動時間の長い人は、肌身離さず持ち歩いているものも考慮に入れましょう。

そして、ここからが重要なのですが、ベスト3の答えに対して「それは何のためか?」を自分自身に問いかけてみてください。

例えば、ベスト3の中にパソコンやスマホが入っていたとしましょう。それを最も使うのはどういうときなのかを考えてみるのです。家族との連絡用に持ち歩いている人もいれば、会社の取引先との連絡を常に気にする人もいるでしょう。

その目的を、先ほどの10個のジャンルのどれに当てはまるかを考えてみます。家族との連絡なら「家族関係」、趣味のゲームによく使うなら「趣味・余暇」、取引先との連絡なら「仕事」になるでしょう。

〈例①〉1位…スマホ(人間関係)、2位…化粧品(美容)、3位…パソコン(仕事)

→人間関係1　美容1　仕事1

〈例②〉1位…スマホ(仕事)、2位…パソコン(仕事)、3位…手帳(仕事)

→仕事3

質問2　あなたが多くの時間を費やしていることは何ですか？

人は自分が価値を感じていることに時間を使いたいと思うものです。

過去3カ月をさかのぼり、睡眠時間を除いて何の時間が多くを占めているのか、実際に紙に書き出して計算しましょう。

例えば、「平日は通勤に往復1時間かける」「9時から18時まで仕事をする」「週3で恋人とデートをする」「週3でトレーニングジムに行く」「月2回ほど近場を旅行する」といったことが思い浮かぶかもしれません。

この作業を通して、過去3カ月で時間を最も使ったものごとを明らかにしていきます。それを3つピックアップしましょう。

次に、そのピックアップした3つについて「何のためにしているのか？」を自分自身に問いかけて、その目的を先の10個のジャンルに当てはめてみます。

例えば、仕事に時間を費やす目的には「仕事」そのものが面白く、やりがいを感じられるといった理由以外にも、「家族」の生活のためという理由も考えられます。

また、私の場合はサラリーマン時代、週末に趣味の音楽制作を謳歌するために働いていたので、「趣味」と答えていたと思います。
つまり、あなたにとって何をモチベーションに、その行為をしていたのかまでを掘り下げていただきたいのです。
ほかにも、トレーニングジムに通うのは「健康」のためという人もいれば、異性からモテるため、つまり「恋愛」のためという人もいるはずです。
おそらく多くの会社員の場合、最も長い時間をかけるのは「仕事」ということになると思います。ただし、仕事そのものにはあまり情熱ややりがいを感じられないのであれば、その次の「それは何のため？」の答えのほうにフォーカスしてください。
〈例①〉1位…仕事（趣味）、2位…読書（趣味）、3位…副業の作業（仕事）
↓趣味・余暇2　仕事1
〈例②〉1位…家事（家族）、2位…育児（家族）、3位…資格取得の勉強（仕事）
↓家族2　仕事1

質問3　あなたが多くのエネルギーを注いでいることは何ですか？

人は自分が価値を感じているものに情熱を注ぎ、そこから活力を得ます。ここではあなたがエネルギーを注いでいるものを明らかにしていきましょう。

あなたにとって、ワクワクした気持ちが止まらなくなるものや、無我夢中でやってしまうこと、人から強制されなくても自発的に一生懸命になれることは何でしょうか。

ベスト3をピックアップしたうえで、「それは何のためか」という問いをベースに、先の10個のジャンルに当てはめてみましょう。

例えば、貯金を毎月継続するのがワクワクする人は「お金」、自宅のインテリアにこだわるのが大好きで最も充実した気持ちになる人は「住環境」となるでしょう。

〈例①〉1位…健康法（健康）、2位…料理（健康）、3位…読書（健康）
→健康3
〈例②〉1位…子どもの教育（家族関係）、2位…家族の行事（家族関係）、3位…手芸（趣味・余暇）
→家族関係2　趣味・余暇1

質問4　あなたが多くのお金を使っているものは何ですか？

人は価値が高いと感じるものに、惜しみなくお金を使う傾向があります。自分にとって必要なものであれば、どうにかしてお金を工面するでしょう。

一方、価値を見出さないものについては、たとえわずかな金額でも使いたいとは思わないものです。

これも質問2と同様、過去3か月分くらいを振り返り、ベスト3をピックアップしてみましょう。

さらに、「なぜそこにお金をかけるのか」の理由についても考えてみてください。

推し活に多くのお金をかける人は、プライベートの充実やストレス解消が目的になるかもしれません。そうした場合、10個のジャンルに当てはめると「趣味・余暇」の優先順位が高いと判断できます。

事業投資に最も資金を使ったという人は「仕事」、貯金や資産形成にお金を最も使った人は「お金」、自らが美しくなるための美容や洋服に多くのお金を使った人は「美容」になるはずです。


〈例①〉1位…会食（人間関係）、2位…洋服（美容）、3位…旅行（趣味・余暇）
→人間関係1　美容1　趣味・余暇1

〈例②〉1位…習い事（趣味・余暇）、2位…家族旅行（家族）、3位ゲームへの課金

（趣味・余暇）
→趣味・余暇2　家族1

以上で4つの観点による、あなたにとっての「ベスト3」が出そろいました。おそらく回答の中には、ジャンルの重複が見られるのではないでしょうか。

その重複が多かったジャンルが、あなたにとっての人生の優先順位を示します。

例えば、仕事が5つ、家族関係が4つ、そしてお金が3つであれば、人生の優先順位は1位が仕事、2位が家族関係、3位がお金ということになります。

優先順位ベスト3のジャンルを特定し、次のワークに進んでいきましょう。

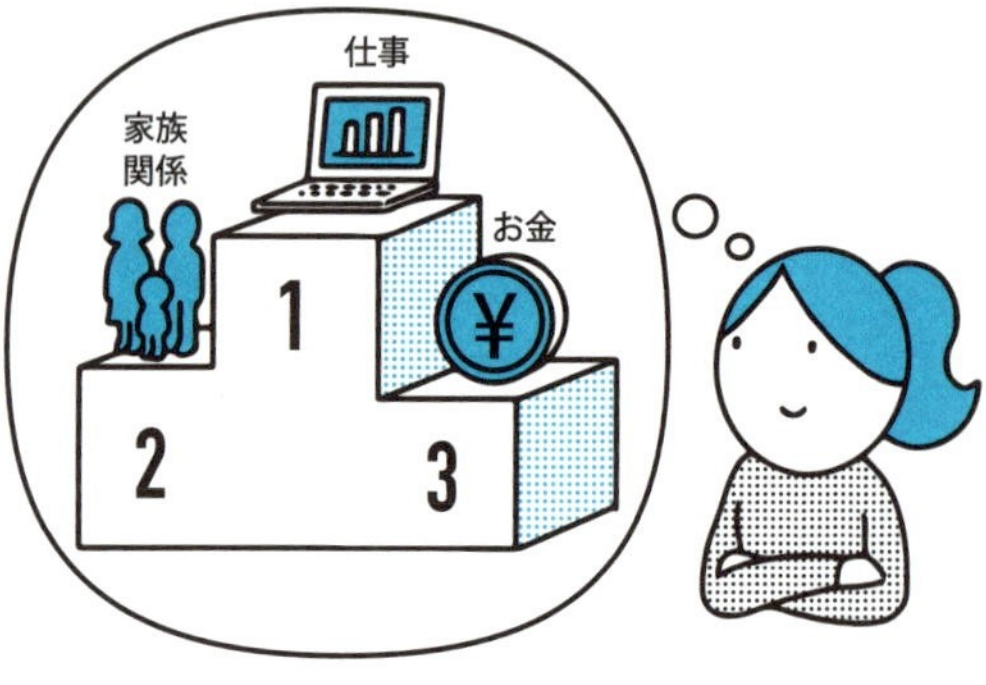

【ワーク❹】
理想の人生を表す「心の地図」を描くワーク

【ワーク❸】で自分が価値を置いていることのベスト3が出そろいました。

次に、このベスト3の項目が自分にとって、いかに大切かを実感するワークを行います。

この【ワーク❹】は3つのSTEPに分かれています。

STEP1　自分の望む生活をするには、いくらのお金が必要なのかを特定する

STEP2　特定した金額が得られれば、それがあなたの優先順位ベスト3にどんなメリットをもたらすかを「マンダラシート」に書く

STEP3　逆に、特定した金額を得られない場合に起こるデメリットを「マンダラシート」に書く

なおマンダラシートは、「○○するマンダラメリット」と「○○しないマンダラデメリット」という2つのフォーマットで構成されます。詳しくは図版とともに後

述します。

STEP 1

理想の1カ月を送るのに必要な金額を特定する

ここでは「1カ月」とタイトルをつけましたが、期間については1週間でも1年でも、自分の理解しやすい設定にしていただいてかまいません。

自分が理想とするライフスタイルを実践するには、その期間でどれくらいのお金が必要なのかを把握するのが目的です。

・どんな場所に住みたいか（家賃・ローンはいくらになるか）
・年に何回くらい、どこに旅行に行きたいか
・どんな車に乗りたいか
・子どもの教育にいくらかけたいか
・お小遣いはいくら欲しいか
・どんな店で、どれくらいの頻度で外食をしたいか
・どんな服を着たいか（いくらかかるか）

・自分の勉強や教養、趣味にいくら使いたいか

など、できるだけ具体的にどんなことをしたいかを考えてください。

先述した「人生を成立させている要素」10個それぞれをどうしていきたいのかについて、項目別に考えると漏れなく検討できるはずです。

それぞれにいくらかかるのか、金額まで出して積み重ねていきましょう。そのためには細かい設定が必要になります。

住みたい地域の家賃相場（住宅価格相場）を調べ、自分の設定した期間にあてはめるといくらかかるのか、広さは何㎡なのか、水道光熱費はいくらくらいになるのか。あるいはヨーロッパに旅行に行きたいのならば、誰と行きたいのか、飛行機のクラスはエコノミーでいいのか、それともビジネスクラスかファーストクラスなのか、現地のホテル選びは何を優先するのか……といったことです。

また、子どもを持つことを望むのか望まないのか、望むとしたら子どもにどのような教育を受けさせたいのかなど、なるべく細かい部分までを掘り下げて書くようにしましょう。

理想の生活を送るために必要な出費の計算が終わったら、次はそこから逆算して、

いくら稼がなくてはならないのかを出していきます。

稼がなくてはならないお金からは、所得税や住民税、法人税といった税金や社会保険料が差し引かれることを考慮しましょう。

このワークを行い、「欲しいお金」を明確にしたうえで、次のSTEPに移っていきましょう。

STEP 2

必要な金額を得るメリットを「マンダラシート」に書く

多くの人は行動することの大切さをわかっています。でも、実際に行動に移せる人はごく少数です。

その理由を分析していくと、行動することのメリット・しないことのデメリットが、自分の中でしっかりと整理されていないことがわかります。

そのためここでは、目的に向かって行動することによるメリット、行動をしないことによるデメリットを腑に落とし、誰から何を言われなくても、欲しいお金を得るために行動できる自分を作るワークを行います。

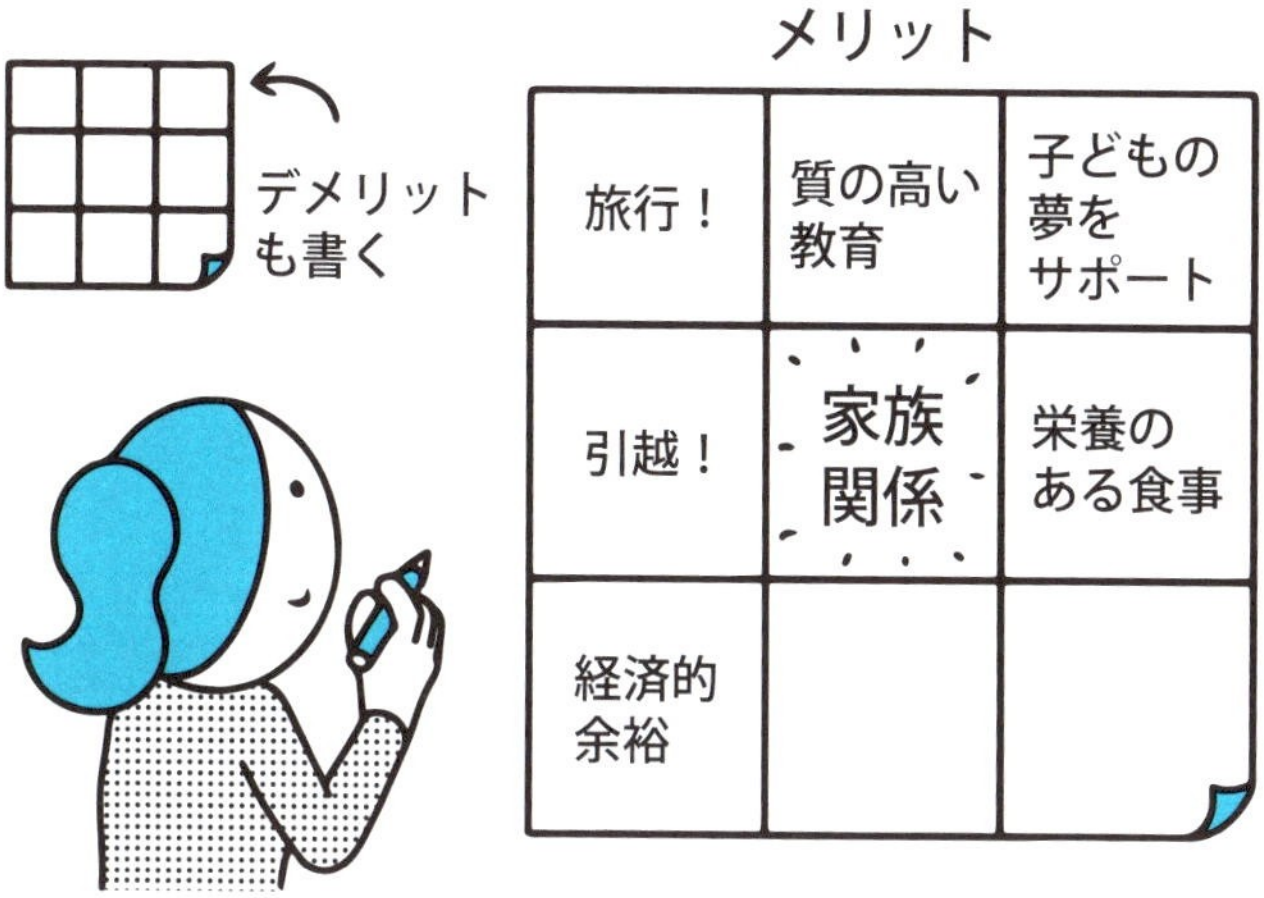

ポイントは【ワーク❸】で特定した優先順位ベスト3です（順位が重複した場合はベスト4やベスト5になることもあります）。

その3つの項目について、縦3マス×横3マス＝合計9マスの表を書いた紙を用意します。インターネットで「マンダラシート」で検索すると、いくつもフォーマットが出てきますので、それらを利用してもいいでしょう。

【ワーク❸】で特定した価値の優先順位の高い項目について、1つ目のSTEPで特定した金額、例えば「目標月収100万円」だとして、その金額があれば可能となるメリットを書き込んでいきます。

まず、中心のマスに、

- 仕事（やりがい、収入）
- お金（資産形成、投資、貯蓄）
- 趣味・余暇
- 人間関係（家族以外）
- 家族関係（恋愛含む）
- 住環境
- 健康
- メンタル・心の健康
- 美容
- 教養・教育

の中から、あなたの人生の優先順位ベスト3のうちの1つの項目を書いてください。

そのうえで、周りを取り囲む①〜⑧のマスに、本ワークで明らかにしたあなたの理想を生きるために必要な月収もしくは年収（ここでは手取り月収100万円とします）を得ることで、それぞれの領域にどのようなメリットを及ぼすかを書いていきます。

例えば、「家族関係」に価値を置く人の場合、月収100万円になることで、家族関係に及ぼすメリットはなんでしょうか？

「子どもに多くの習い事をさせてあげられる」

「旅行が頻繁にできて、家族関係がよくなる」

「イライラして家族に八つ当たりすることがなくなる」

などでしょうか。

優先順位ベスト3のうち、書き込む順番はどれからでもかまいません。自分がピンときたものから書き始めてください。

いくつか例を挙げておきましょう。

「仕事」に関するメリットの例

・学びにお金をかけられ、よりスキルアップできる

・より多くの事業投資ができる

・業務を外注することで仕事の効率がアップする

・仕事へのモチベーションがアップする

- 気持ちが安定する
- 広告費をかけることができて集客が楽になる
- 優れたコンサルタントをつけることができる
- リフレッシュにお金をかけられる

「家族関係」に関するメリットの例

- 生活全般に経済的余裕ができ、家族仲がより良くなる
- 栄養価の高い食事を摂ることができ、健康度が高まる
- 子どもに質の高い教育を提供できる
- 子どもを持つことに前向きになれる
- 旅行にお金がかけられ、家族みんなで楽しむ時間を持てる
- 子どもの夢をサポートできる
- 立地や環境のいい場所に引っ越しができ、家族みんなのメリットになる
- 配偶者にしたいことをさせてあげられる

「お金」に関するメリットの例

・毎月の貯蓄額が増え、資産額の増えるスピードが速くなる
・投資可能な余剰資金が増え、資産運用の選択肢が広がる
・短期間での資産倍増が可能になり、金銭的自由を早く実現できる
・資産形成が楽しくなる
・元本が多くなることで、より良い条件の投資商品を利用できる
・資産形成に関する学びにお金をかけられる
・常に学びに投資できることで、失敗するリスクを減らせる
・資産運用におけるリスク分散がしやすくなる

STEP 3

必要な金額を得ないデメリットを「マンダラシート」に書く

次に、あなたの理想を生きるために必要な月収もしくは年収（ここでは手取り月収100万円とします）を得ないことで、それぞれの領域にどのようなデメリットを及ぼすかを考えていきます。

中心のマスに、

●仕事（やりがい、収入）
●お金（資産形成、投資、貯蓄）
●趣味・余暇
●人間関係（家族以外）
●家族関係（恋愛含む）
●住環境
●健康
●メンタル・心の健康
●美容
●教養・教育

の中から、あなたの人生の優先順位ベスト3のうちの1つの項目を書きます。

そのうえで、周りを取り囲む①〜⑧のマスに、あなたの理想の収入（ここでは手取り月収100万円）にならない場合、それぞれの領域にどのようなデメリットがあるかを書いていきましょう。

「仕事」に関するデメリットの例

・スキル獲得や自己啓発にお金が使えないので、成長できず収入を増やすのが難しくなる
・事業投資ができないので、仕事を発展させられない
・事業を発展させようと思ったら借金をしなくてはいけなくなる
・外注の資金がないので、ずっと自分が労働しなくてはならない
・限られた資金の中で事業を立ち上げないといけない
・いつまでも安心できないので、焦りの気持ちが仕事のパフォーマンスを下げる
・宣伝にお金を使えないので、仕事の発展が限定的になる
・プライベートの出費を切り詰めないといけなくなり、仕事のモチベーションが上がらない

「家族関係」に関するデメリットの例

・生活費や教育費、医療費を切り詰めないといけない

・家族みんなに健康的な食生活を提供できない
・子どもに質の高い教育を提供できない
・子どもを産むことに前向きになれない
・お互いの話をゆっくり聞くことのできる余裕が持てない
・旅行にお金を使えず、家族で楽しい時間を過ごせない
・子どもの夢をサポートできない
・今のまま不満を抱えながらこの土地に残る

「お金」に関するデメリットの例

・毎月の貯蓄額を増やせず、経済的目標を達成することが遅くなる
・投資可能な余剰資金を増やせず、資産運用の幅が広がらない
・経済的自由を叶えるまで時間がかかる
・経済的自由を死ぬまでに叶えられない
・資産形成が退屈になる
・資産形成についての学びにお金を費やせない

・リスク分散ができない
・気持ちに余裕が持てず、焦って増やそうと無茶な投資をしてしまう

「メリットとデメリットは単なる言い方の違いであって同じことではないか」「メリットの表だけ作ればいいのでは」と思われるかもしれません。

しかし、メリットとデメリットの両面から意識することで、その問題点を立体的に把握することが大切なのです。

メリットとデメリットは表裏一体。これまでにお話ししてきたとおり、同じ問題を表と裏から見ることで、問題の本当の姿が見えてきて、ニュートラルな視点とともに「腑に落ちる」という感覚を得ることができるのです。

次のページから、マンダラワークの表を載せますので、これを参考にしながら、あなたの価値順位が高い3つのジャンルについて、自分で表を作ってみましょう。

月収を100万円にするメリット

家族関係の場合

①	②	③
④	家族関係	⑤
⑥	⑦	⑧

- 中心のマスに、「仕事」「お金」「趣味・余暇」「人間関係」「家族関係」「住環境」「健康」「メンタル・心の健康」「美容」「教養・教育」の10ジャンルのうち、優先順位の高かったベスト3のジャンルを1つ書き込む。
- ①〜⑧のマスに、月収を 100 万円にすることが「家族関係」に及ぼすメリットを書き込む（ベスト3 のジャンルが「家族関係」だった場合）。

（例）

▶ 生活全般に経済的余裕ができ、家族仲がより良くなる
▶ 子どもに質の高い教育を提供できる
▶ 旅行にお金がかけられ、家族みんなで楽しむ時間が持てる

※ここでは「月収」「100 万円」としていますが、期間や金額については自分の望んだ設定にしてかまいません。

月収を100万円にしないデメリット

家族関係の場合

①	②	③
④	家族関係	⑤
⑥	⑦	⑧

- ①〜⑧のマスに、月収を 100 万円にしないことが「家族関係」に及ぼすデメリットを書き込む。

(例)

▶ 生活費や教育費、医療費を切り詰めないといけない
▶ 子どもに質の高い教育を提供できない
▶ 旅行にお金を使えず、家族で楽しい時間を過ごせない

※ここでは「月収」「100 万円」としていますが、期間や金額については自分の望んだ設定にしてかまいません。

優先順位ベスト3の項目でそれぞれ行う。
メリット・デメリットの両面から意識するのがポイント!

いかがでしょうか。

メリットとデメリットを比較すると、当然のことながら「やったほうが絶対にいい」という結論に達しますよね。

頭で考えて理解できることではありますが、こうして自分の手で可視化することで、腹の底から「これはやらなくてはいけない！」という思いが湧いてくるのではないでしょうか。


マンダラワークの優れた点として、自分の意識の深い部分を探求できることが挙げられます。それぞれのジャンルでワークを行うと、１つのテーマから枝分かれして、自分の本質をどんどん探ることができるのです。

余裕があれば、①～⑧のマスに記入した内容を、別のマンダラシートの中央に書き込み、それに関するメリット・デメリットも考えてみてください。

例えば、お金のジャンルで「月収を１００万円にするメリット」に「月々30万円の貯蓄ができる」と書いたとします。

すると今度は「毎月30万円貯蓄するメリット」「毎月30万円貯蓄しないデメリット」

を考えることで、思考をより深めていくのです。月収を１００万円にするメリットでは出てこなかったことが、毎月30万円貯蓄するメリットのときには出てくると思います。

月収を上げるだけでは得ることができないけれど、貯蓄することで初めて得られるメリットを認識することができるのです。

それが例えば「心の平穏を得る」だった場合、「月収をいくらにして、さらに貯蓄をいくらにすることで、精神的な幸福を得られる」といったシミュレーションが浮かび上がります。

マンダラシートをより細かく分類していくことで、自分にとっての幸福を得る道すじがくっきりと見えてくるのです。

【ワーク❺】
お金を生み出す行動が加速化するワーク

最後に、マンダラシートで設定した目標金額を達成するために、どんな行動を取ればいいかを考えてみます。

〈例〉
毎日YouTube動画を撮って配信する
セールスの勉強と実践
英語の勉強を毎日する
など

行動がピックアップできたら、あなたにとって優先順位の高い事柄に関して、その行動をすることでどんなメリットがあるか、しないことで生じるデメリットは何かを書き出していきましょう。

ここでは、「毎日YouTube動画を撮って配信すること」を例にします。

まずはメリットから考えてみましょう。

STEP

行動するメリットと行動しないデメリットを明確にする

「仕事」に関するメリットの例

・毎日の動画撮影で話す機会が増えることで、プレゼンテーションスキルが向上し、ビジネスミーティングやセミナーでの説得力が高まる
・動画編集やサムネイル制作などのスキルが磨かれ、マーケティング資料やプレゼンテーション資料の質が向上する
・毎日動画を制作するためのスケジュール管理をすることで、時間管理スキルが向上し、ほかの業務にも

効率よく取り組めるようになる

・視聴者からのコメントやフィードバックを通じて、マーケットリサーチや製品改善のヒントを得ることができる

・撮影、編集、マーケティングなど複数のタスクを同時にこなすことで、マルチタスク能力が養われる

・企業から声がかかりやすくなり、仕事の幅が広がった結果、収入が増える

・動画媒体に毎日出演することで権威性が増す

・見込み客の満足度が上がり、クレーム率が減る

・毎日新しいコンテンツを考えることで、新しい知識を学ぶ機会が増え、仕事の幅が広がる

・視聴者から信頼してもらえるようになり、集客に困らなくなる

「お金」に関するメリットの例

・大勢の前でスピーチする度胸がつき、仕事の幅と収入アップの可能性が広がった結果、資産形成や貯蓄の額が増える

・毎日パブリックスピーキングの練習になり、セミナー開催など仕事の幅が広がる（収入が増える可能性、それによって資産が増える可能性が広がる）
・見られている意識が芽生え、容姿が改善することで客層の拡大につながり、資産形成や貯蓄の額が増える
・その分野の専門家としての地位を築くことで、高単価のコンサルティングやサービスの提供が可能になり、資産形成や貯蓄の額が増える
・YouTubeパートナープログラムを利用して、広告収入を得ることができる分、資産形成や貯蓄の額が増える
・チャンネルを成長させることで企業からのスポンサーシップを受ける機会が増える分、資産形成や貯蓄の額が増える
・視聴者との信頼関係が深まることで、リピート顧客や口コミによる新規顧客獲得が期待できる分、資産形成や貯蓄の額が増える
・ほかのインフルエンサーや企業とのコラボレーションにより、相乗効果で集客が増える分、資産形成や貯蓄の額が増える
・業界内でのリーダーとして認知されることで、さらに大きなプロジェクトに

参加できる機会が増える分、資産形成や貯蓄の額が増える

・動画をブログや他のＳＮＳで再利用することで、複数のプラットフォームからの集客が可能になる分、資産形成や貯蓄の額が増える

「家族関係」に関するメリットの例

・言葉で説明する力を毎日磨くことで、家族とのコミュニケーションも的確なものになる

・動画からの収入が増えることで、家族全体の経済的安定に貢献する

・動画からの収入が増えることで、家族旅行や特別なイベントを企画でき、家族の絆を深められる

・動画からの収入が増えることで、子どもの教育資金を確保することができ、将来の進学や学びの機会を広げられる

・試行錯誤の末に成功するという経験をすることで、自信が生まれ、家族にも寛大になれる

・有言実行することで、夢を叶える方法を子どもに背中で見せることができる

・動画からの収入が増えることで、家族の長期的な計画（例えばマイホーム購入や留学など）を実現できる
・毎日継続することで忍耐力が養われ、家庭内でも忍耐強く対応できるようになる
・動画からの収入が増えることで、家族の医療費に充てることができ、家族に安心をもたらすことができる
・動画のネタを考える中で得られる新しい情報や知識を家族にも共有できる

続いて、「その行動をしなかったことによるデメリット」を考えてみましょう。

「仕事」に関するデメリットの例

・プレゼンテーションスキルが向上せず、ビジネスミーティングやセミナーでの説得力を高められない
・動画編集やサムネイル制作などのスキルが磨かれず、マーケティング資料やプレゼンテーション資料の質も向上しない

・時間管理スキルが向上せず、ほかの業務も効率が上がらない
・視聴者からのコメントやフィードバックが受け取れないので、マーケットリサーチや製品改善のヒントも得られない
・タスクをこなさないため、仕事のスキルが磨かれない
・企業から声がかからないため、仕事の幅が広がらず、収入が増えない
・権威性やブランド力を高めることができない
・見込み客との接点がなくなり、売り上げ創出の機会が減り、クレーム率も下げることができない
・知識を学ぶ機会が持てず、仕事の幅が広がらない
・視聴者から信頼してもらう機会が持てず、集客に困り続ける

「お金」に関するデメリットの例

・誰にも存在を知られず、売り上げが上がらないので貯蓄も増やせない
・トークスキルが磨かれず、仕事でもしゃべれないことで成果が出ず、売り上げが上がらないので貯蓄も増やせない

・その分野での専門家としての地位を築けず、高単価のコンサルティングやサービスの提供もできず、資産形成や貯蓄の額が増やせない
・YouTubeパートナープログラムを利用できず、広告収入を得ることができない分、資産形成や貯蓄の額が増やせない
・チャンネルが育たないので企業からのスポンサーシップの提案も来ず、貯蓄の額が増えない
・せっかく価値のある情報が大勢の人に届かず、売り上げが上がらないので貯蓄も増やせない
・視聴者との信頼関係を深められず、リピート顧客や口コミによる新規顧客獲得が期待できない分、資産形成や貯蓄の額が増やせない
・ほかのインフルエンサーや企業とのコラボレーションができない分、売り上げも資産形成や貯蓄の額も減る
・業界内での地位が確立できない分、資産形成や貯蓄の額が減る
・動画がないと他のSNSにアップするネタも減る分、資産形成や貯蓄の額が減る

「家族関係」に関するデメリットの例

・スピーチ力を磨かないので、家族とのコミュニケーションもうまくいかない
・家族旅行や特別なイベントを金銭的理由で企画できない
・子どもの教育資金をほかの方法で確保しなくてはいけなくなる
・子どもの教育資金を確保できなければ、将来の進学や学びの機会が狭まる
・自信が培われず、家族からの信頼も得られない
・有言不実行は子どもの教育上よくない
・夢をあきらめる姿を子どもに見せてしまう
・家族の長期的な計画（例えばマイホーム購入や留学など）の実現可能性が下がる
・忍耐力が養われず、親としての説得力がなくなる
・家族の医療費をほかの方法で確保しなくてはいけなくなる

いかがでしたでしょうか。

第4章の【ワーク❶】【ワーク❷】を通じて、あなたのお金に対するメンタルブロックは解消されてニュートラルな状態に戻りました。

そして、本章の【ワーク❸】【ワーク❹】【ワーク❺】を通じて、お金を作ることのメリットを自分自身に腹落ちさせることができ、お金を作り出すための行動も加速化するはずです。

これであなたは、「お金を自ら作り出す」素地が整い、お金が貯まる・稼げる・増やせる体質になりました。

続く最終章では、この経験を踏まえてこれからあなたにどんな変容が起こるか、先輩たちの体験談をご紹介しながらお話ししていきましょう。

第6章

「お金持ちの未来」に向けて一歩を踏み出そう

成功者に学ぶお金持ちへの近道

これまでにご紹介したワークを行うことで、お金のメンタルブロックが解消されて、収入や貯蓄を増やすことに抵抗がなく、前向きな心の状態に整えることができます。

その状態になったときに初めて、人は自分が真に求める未来像がはっきりと理解できるようになり、未来に向けて躊躇《ちゅうちょ》なく歩みを進めて行けるようになります。

何より顕著なのが、心からお金を好きになれるということです。

メンタルブロックのある状態だと、「浪費をしてストレス解消をするのが好き」という行為を「お金が好き」と誤解してしまいます。

ところがメンタルブロックが外れて、抵抗感なくお金と向き合えるようになると、お金の本当の尊さがわかり、「お金を大事にすることが未来につながる」と自然に理解できるようになるのです。

お金がどれほど多くのものを自分にもたらしてくれるかを、ワークを通じて知ることによって、自分にとってのお金の価値を痛感するからです。

そして、ここがポイントになるのですが、お金を好きになると人は自然にお金を作り出す行動に出るようになります。

このことをいちばんよく知っているのは、仕事で成功して多くの資産を築いたお金持ちの人たちです。

お金持ちの成功者たちには、特有の思考パターンや行動パターンがあります。私は今まで多くの超富裕層の方々にお会いしてきましたが、その全員に共通する思考や行動パターンがありました。

そのことに気づいて以来、私はできるだけその人たちの思考や行動パターンを取り入れるようになりました。

すると効果はてきめんに現れました。私の仕事に共鳴してくれる人がどんどん出てきて、さまざまなアドバイスをくれたり、「僕の知ってる人で、君の仕事の手伝いができそうな人がいるから紹介するよ」と言ってもらえたりすることが頻発するようになったのです。

そうして私は、ありがたいことに事業を拡大し、今では経済的自由を手にすることができています。

私が知った幸せなお金持ちの思考・行動パターンを知ることは、今からお金と真剣に向き合い、経済的に豊かになることを目標とするあなたにとっても、大いに意味があると思いますので、以降でそれぞれご紹介しましょう。

成功者が持つこれらのパターンは、各国の大学機関を中心に人類行動学者や心理学者の間で研究が進められています。それらの研究データを織り交ぜつつ、私が実体験してきた成功者の特徴についてお話ししていきましょう。

幸せなお金持ちになる人の特徴をまとめると、次のようになります。

①楽観的である
②正しい努力を継続できる
③失敗を受け入れることができる
④自信を持っている
⑤社交的で人と打ち解けるのがうまい
⑥コミュニケーション能力に長けている
⑦独立心が強い

⑧ 現状に満足せず、長期目標を設定してやり抜く
⑨ 成功するための生活習慣を身につけている
⑩ 熱心に投資を行っている
⑪ 自身の成長のために、ためらわず自己投資する
⑫ リスクを取ることを躊躇しない

これらの特徴は、それぞれが独立して存在するわけではありません。根底でつながり関連しています。その根底こそが「お金持ちの本質」なのだと思います。

では、それぞれの特徴と、その特徴を作り出している本質とを併せて見ていきましょう。

①楽観的である

お金持ちの持つ「楽観的」という特徴は、多くの人が指摘しています。

イギリス・ロンドン大学の心理学教授であるエイドリアン・ファーナム氏も成功者に共通する主要な要素の1つが「楽観的であること」と述べています。

成功は一日では成りません。そこには挫折も失敗もつきまといます。悲観的な人ならば、その時点であきらめてしまうでしょう。

そんなときに真価を発揮するのが「楽観的な人」なのです。楽観的な人はたいていのことではめげません。

また、挫折や失敗の中に「自分にとって学ぶべきことがあったのではないか」と考えます。要するに「転んでもただでは起きない」根性があるわけです。

事業や投資で失敗した場合でも、その失敗をただの損失で終わらせず、失ったお金を取り戻すために失敗した要因を分析し、同じ轍《てつ》を踏むことはしません。「次は必ず成功する」と楽観的に考えることができるからです。

ベースの部分にあるこうした楽観的なメンタルが支えとなって、成功への道を歩いていくことができるのです。

② 正しい努力を継続できる

大志を成し遂げて成功していく人の特徴として、人生の困難にぶつかったとき、頭を抱えるよりも先に「どうしたらこの問題を解決できるだろうか？」と解決策に目を向けることが挙げられます。

その根底にあるのが、「自分は努力によってここまで道を切り開いてきた」という思いです。これまで数々の修羅場を努力によって乗り越えてきたのだから、「今回も乗り越えられる」という考え方が基本になっているからです。

「悩むくらいなら、さっさと解決のために動き出したほうがいい」ということを経験則として知っているので、結果として継続的な努力ができ、経済的成功に結びつきやすいとも言えます。

そもそも正しい努力を継続的にできるということは、「そうしたほうが得だから」ということがよくわかっているのです。頭が合理的にできているので、悩んでいる時間がもったいない、と考えるのがこのタイプの人です。

③ 失敗を受け入れることができる

人は、自分の失敗を真正面から受け止めることがなかなかできません。

「自分はダメな人間だ」と必要以上に落胆するか、自分以外の誰か、または何らかの出来事に失敗の原因を求めることが多いものです。

しかし、成功者はそのどちらとも無縁です。

「失敗は成功の母」ということわざがありますが、まさにそのとおりの受け止め方をします。それは成功者が残したとされる言葉にも表れています。

「人間に挫折や失敗はつきもの。問題はそこから教訓と成功の糧《かて》を引き出せるか否かだ」（ナポレオン・ヒル）

「私は、決して失望などしない。なぜならどんな失敗も、新たな一歩となるからだ」（トーマス・エジソン）

「失敗したところでやめてしまうから失敗になる。成功するところまで続ければそれは成功になる」（松下幸之助《まつしたこうのすけ》）

成功者たちに共通しているのは、「失敗を失敗で終わらせなかった」ということです。失敗から立ち上がって歩み始めたからこそ、成功をつかむことができたのです。

④ 自信を持っている

前述したファーナム氏の研究は「楽観主義」に関するものですが、同研究では自尊心と楽観主義も正の相関関係にあることが示されています。

しかし世の中には、自分に自信を持てない人が少なくありません。私たちはどうして自信を持つことができないのでしょうか。

この本で何度も強調してきたように、その理由の多くは過去の経験に由来しています。

「今までできなかったから、今回もできない（と思う）」

「これまでやったことがないので、できない（と思う）」

経験則から「自分にできるはずがない」と思い込んでしまっているのです。

そんなことを言っていたら、初めてメスを持って手術をする外科医や、これまで生徒に教えたことのない教師はどうなるでしょうか。

誰にでも「初めて」のときはあり、それを乗り越えたから今があるのです。

「できた人」と「できなかった人」の違いは、「自分はそれをやれる」という自信と勇気を持てたか・持てなかったかの違いだけです。

成功する人としない人の違いも同じです。たとえ10回失敗したとしても、「次は成功させてみせる！」と成功を信じ、果敢《かかん》に挑戦した人が成功者になっていきます。

そのために必要なのは、現状や結果ではなく、自分自身を信じきれる力です。

また「自信を持っている人」が成功しやすい要因として、そういう人はえてしてリーダーシップを発揮しやすい人だということもあります。

リーダーとなることで、世の中でアドバンテージを持つことができます。またリーダーであるという理由で社会の中で特権を得ることも可能になります。当然、そこには経済的な特権も含まれます。

⑤社交的で人と打ち解けるのがうまい

ファーナム氏の研究では、社交的で協調的な人がより楽観的であることも示されました。

社交的な人はそうでない人に比べて、人脈を広げることができます。

その結果、通常ではなかなか得ることのできない貴重な情報を得たり、成功へのチャンスをつかんだりする機会が増えていきます。

所属するコミュニティも多種多様なものになりやすいので、受け取る情報の幅が広がり、量も多くなっていくというわけです。

社交的な人には、他人に対する不必要な恐怖心がありません。そのため、ありのままの自分で他者に接することができます。

自然体で接してくる人を前にすると、たいていの人はリラックスした気分になります。社交的な人の周りに人が集まってくるのは、一緒にいるとリラックスして楽しい気持ちになれるからです。

楽しい気持ちになれる人には「いい話」ももたらされやすくなります。怪しい儲け話などではなく、世のため人のためになり、なおかつその人自身にも利益がもたらされるような「いい話」であることは言うまでもありません。

⑥コミュニケーション能力に長けている

社交性とも関連しますが、成功者にはコミュニケーション能力の高い人が多い傾向が見られます。

よく「人たらし」などと言いますが、まさにそのような感じです。では、どうしたら「人たらし」になれるのでしょうか。

まず相手に「この人といると心地よい」と感じてもらう必要があります。何に心地よさを感じるかというと、「相手が自分のことを受け止めてくれている」という点ではないでしょうか。

明らかに自分に関心のない人、自分の話に耳を傾けない人と一緒にいて心地よさを感じるはずはありません。

自分の話をよく聞いてくれて、言わんとすることを理解し、適切なレスポンスが得られたとき、「この人と一緒にいると気持ちいいな」と感じるものです。

コミュニケーション能力の高い人は他人から好かれるので、おのずと交際範囲が広くなっていきます。

それにつれて社会的に認知される機会が増えていくので、ますます顔と名前が売れて経済的豊かさを得やすくなっていきます。

⑦ 独立心が強い

独立心の強さは、自分の中にある信念の強さを表すものです。他人から何か言われても、自分の信念に反するようなことであれば意に介しません。

ちなみに、この場合の「信念」は、誤った思い込みからくるメンタルブロックとは異なります。メンタルブロックは他人の価値観によって作られたものであるのに対し、

「信念」はさまざまな経験や知見をもとに自分自身で作り上げたものだからです。

独立心を支えているのは、その人固有の明確な価値観です。

そのため、他人の思惑や意見に惑わされることなく、目的や目標に向かってまっすぐに進んでいくことができるのです。

日本の社会では、独立心の強さや自分に対する自信はあまり評価されず、「我を張る」というニュアンスで表現されてきました。

しかし、時代は変わりつつあります。これからの時代に生き残っていけるのは、経営者マインドを持った人です。

その「経営者マインド」を養うためには、お金と真正面から向き合い、自分のお金の作り方を模索することが、またとない訓練になるでしょう。

⑧ 現状に満足せず、長期目標を設定してやり抜く

成功者は例外なく「やり抜く力」を持っています。

ブレない長期的目標を持っているからこそ、不断の努力を続けることができるのです。

このことはアメリカ・ペンシルベニア大学の心理学教授にしてマッカーサー賞受賞者のアンジェラ・ダックワース氏も論文で述べています。

同教授は、成功者に最も必要とされる条件は「グリット（やり抜く力）」だと提言しています。グリット（GRIT）は、成功するために必要な4つの要素の頭文字で作られた単語です。

Guts（ガッツ）……困難なことに立ち向かう気持ちを表します。成功への道のりは決して平たんなものではなく、数々の困難が待ち受けています。それを乗り越えて進み続けるためには必要不可欠な要素です。

Resilience（レジリエンス）……苦境から立ち直る力のことです。何か問題が起きたり失敗したりしても、そのことを受け入れて再び前を向く力があってこそ、成功をつかむことが可能になります。

Initiative（イニシアチブ）……自発的に目標を設定することをいいます。ブレることなく長期的な目標を設定することが、成功へのスタートラインになります。

Tenacity（テナシティ）……最後まであきらめない心のことです。モチベーションを高めてそれを維持する力、情熱や好奇心、忍耐力を保つ心があってこそ、成功を手にすることができます。

⑨成功するための生活習慣を身につけている

欧米のさまざまな研究では、日々の生活において次の習慣を身につけることが重要と示されています。

〈やるべきことはすぐに実行する〉

カナダのカルガリー大学やノルウェー北極大学等の共同研究から、「先延ばしをしない人＝すぐ実行する人のほうが人生を有利に進められる」と言えます。

後回しにすればするほど面倒になるだけでなく、成果も下がります。すべきことを放置しているという後ろめたさからストレスがたまり、本来必要のない精神的負担を抱えることになるというデメリットもあります。

何事も最初の一歩が大切です。目の前の小さなことを怠らずにコツコツ積み重ねていく習慣が、仕事や資産形成に成功するカギになっていくのです。

〈必要な睡眠時間を確保し、早寝早起きをする〉

人は睡眠によってしか疲労回復ができません。適度な睡眠が取れていないと心身共に疲弊するばかりか、認知機能が衰えるというデータもあります。

睡眠は長さだけでなく質も重要です。良質な睡眠を得るには、夕方以降の時間帯の過ごし方が重要になります。就寝の1時間前に入浴を済ませること、パソコンやスマホなどのブルーライトを制限することなどで睡眠の質は高まります。

また、ハーバード・ビジネス・レビューに掲載された生物学者のクリストフ・ランドラー氏の論文によると、早起きする人のほうが仕事の生産性は向上し、ビジネスで成功しやすくなるといいます。

実際、私の知っているお金持ちの多くは、睡眠時間の確保や朝の時間帯に活動することを何よりも大切にしています。

〈運動習慣を持つ〉

適度な運動をすることも、日々を健やかに生きるために必要なことです。

アメリカ・クリーブランド州立大学のヴァシリオス・コステアス氏の研究では、「定期的に運動をしている人たちは、運動をしていない人たちよりも6〜10%ほど収入が高い」というデータが示されました。

お金持ちの話題にも、運動習慣のことはよく出てきます。仕事の成功は「身体的健康があってこそ」と知っているからです。

⑩ 熱心に投資を行っている

富裕層の特徴として、「投資に熱心」という調査結果があります。

調査を行ったのは、富裕層マーケティングの先駆者である、アメリカ・ニューヨーク州立大学の教授トマス・J・スタンリー氏と、同大学名誉教授のウィリアム・D・ダンコ氏です。

1万人以上の億万長者と呼ばれる人たちに行ったインタビューとアンケート調査から、職業選択、消費行動、経済スタイルなどのパターンや傾向を抽出したところ、ほかの所得階層の人と比べて、蓄財から投資に回す割合が優位に高かったといいます。

投資先の選び方としては、リスクを取ることを躊躇しない反面、長期的な視野を持って慎重に投資先を選ぶ傾向が見られたようです。

その根底にあるのが、費用対効果を重視する現実的な考え方でしょう。

富裕層は時間や労力、お金の使い方に関する高度なバランス感覚を持っています。何にお金を使い、何に使わないかの明確な判断基準があることが、投資への熱心さにつながっているのだと思います。

⑪ 自身の成長のために、ためらわず自己投資する

成功者の投資先は金融商品だけではありません。

むしろ自分の成長に投資する「自己投資」にも熱心な傾向が見られます。

成功者が投資先として自身を選ぶのは、「自分こそが最も確実な投資先だ」という確信があるからです。成長が見込める（＝リターンの大きさが確信できる）のであれば、お金は惜しみません。

中には一般の人が聞いたら目が飛び出るほどの高額なセミナーなども、自分が納得しさえすればためらうことなく参加を決めます。

一般の人は「できるだけ安く勉強しよう」と考えますが、お金のある人は「できるだけ高額な学びをしよう」と考えます。

高額セミナーであるほど、お金を持っている人が多く集まることをよく知っているからです。そこで得た人脈が、いつ自分のビジネスに役立たないとも限りません。

こう言うと「計算高そう」と思われるかもしれませんが、いい年をした大人には「正

しい計算高さ」は必要だと私は思います。

⑫リスクを取ることを躊躇しない

事業であれ投資であれ、一定のリスクは必ずつきまといます。リスクを恐れていては成功を望むことはできません。それをよくわかっているのが成功者たちです。

例えば、Facebookの創始者であるマーク・ザッカーバーグ氏は「急変する世界では、リスクを冒さないことが最大のリスクである」と発言しています。

世界的な投資家であるジム・ロジャース氏も「多くの成功した投資家は、危機のさなかにチャンスを見つけている」と語っています。

いずれの言葉も、世の中の現象はすべてリスクとリターンが背中合わせになって存在しており、リスクを冒さずに成功を収めることは難しいことを示唆していると思いませんか？

リスクを取らずして大金はつかめません。これは間違いのない真実です。

成功者のベースには「自己肯定感」がある

成功者たちの心のベースとなっているのが、ありのままの自分を肯定する感覚である「自己肯定感」です。

自己肯定感が高い人は、たとえ大きなトラブルに巻き込まれようとも、「ニュートラルな状態を保つことができる」という特徴があります。

うろたえもせず、人を恨んだり憎んだりせず、嘆くこともなく、「今やれること」に専念しようと考えます。それができるのは、心の底に「いつでも無条件で肯定できる自分」が存在しているからです。

ありのままの自分を受け入れることができ、自己に対する信頼感があるので、何があっても自身の未来の成功を信じることができるのです。

自己肯定感と社会的成功の相関関係については、研究データでも実証されています。いくつか例を挙げましょう。

・アメリカ・ジョージア大学、テキサス技術大学、テキサスＡ＆Ｍ大学の共同研究（２０１６年）……自尊心（自己肯定感）と収入に相関関係があることが示される。自尊心が高い人ほど職場での評価、収入、教育、社会的能力、健康など、さまざまな面で優位性が見られた。
・スイス・バーゼル大学とアメリカ・南フロリダ大学の共同研究（２０１３年）……自己肯定感が高い人ほど仕事で成功する確率が上がることが示される。
・スイス・ベルン大学とアメリカ・カリフォルニア大学デービス校の共同研究（２０１４年）……自己肯定感が高い従業員は、将来的により成功し、仕事に対する満足度も高い傾向にあることが示される。

クライアントさんを見ていても、「自分の人生はうまくいっていない」と感じている人ほど自己肯定感が低く、「自分を好きになれない」と口にします。

しかし、本書で紹介したワークを通じて自己変革が進むにつれて、「最近、ものごとがうまく進んでいるように感じるんです」と変化していき、「自分を認めることができるようになりました」「自分もやればできるということがわかり、自信が持てるようになってきました」と自己評価が高くなっていきます。

その「正のスパイラル」に入れたならば、もう大丈夫。

道が自然に開けるかのように、自分が本当にやりたかったことが明確になり、それに向かって何をすべきなのかがわかるようになります。

偉人と自分を同一視してみよう

ここで最後のワークをご紹介しましょう。自分が理想としている人に近づくためのワークです。

以下の流れで進めていってください。

①この人のように経済的に成功したい、仕事で成功したいと思う人を一人ピックアップしましょう。

②その人が成功している要因と思われることを思いつく限り書き出します。

（説明や話がうまい、セールスがうまい、頭がいい、カリスマ性がある、見た目がいい、器用、気が利くなど）

③その要因をあなたが発揮したのはいつですか？　20シーン以上思い出してください。

【例文】「説明や話がうまい」の場合

・高校2年生の社会科のクラスで発表をした際に、「説明がわかりやすい」と先生から褒められた。
・23歳のときに同僚に話したエピソードがウケた
・大学2年生のときにプレゼンで教授に「視点が鋭い」と褒められた
・3カ月前の朝礼で、完璧ではなかったもののスピーチした内容を同僚から問題なく理解してもらえた
・2週間前に友人とカフェでお茶をした後に、「あなたと話していると安心する」と言ってもらえた
・半年前の同窓会でみんなと問題なくコミュニケーションを取って話が盛り上がり楽しかった
・2年前、部下に事務関連の説明をして、問題なく仕事を引き継いだ
・3年前、不動産屋に電話して、顔をお互いに見ずに言葉だけで要望を伝え、納得のいく物件が見つかった

書き出しているうちに「あれ？　自分も意外とやれてるんじゃない？」と思えるようになり、その人に近づけることを確信できるようになっていくでしょう。

本書では何度も「自己肯定感の大切さ」をお伝えしてきました。

ワークによってメンタルブロックが解消された今、自己肯定感を高めることが具体的な行動を強力に後押しします。

幸せなお金持ちになったクライアントさんの実例

これですべてのワークが終わりました。

なかなかのボリュームだったと思いますが、そこがポイントです。これだけお金について掘り下げて考えるわけですから、考え方や行動が確実に変化します。

それには「腹落ちすること」が重要です。

もしも1回やっただけでは「なるほど」とは思っても腹落ちまではしなかったという場合は、ぜひ腹落ちするまで続けてみてください。いったん腹落ちすると、自然にお金を生む行動ができるようになるでしょう。

しかし、一度腹落ちすれば終わり、ということではありません。自分の意識の状態はその時々で変わっていくからです。

常に自分の意識や状態を把握するためにも、3カ月から半年に1回ほどの頻度でワークを行うといいでしょう。そのくらいのペースで行えば、メンタルのブレを修正でき、自分の意識の質が効果的に変わるのを実感できます。

いつの間にか、お金が貯まる体質、稼げる体質、増えていく体質になっている自分に気づくことでしょう。

本書の最後に、そうした豊かな自分に生まれ変わった方々の実例をご紹介します。

実例①　月収の半分を副業で稼げるようになったサラリーマンAさん

大学を卒業後に就職したAさんですが、何か満ち足りないものを感じていました。とはいえ身近な人のほとんどが勤め人だったので、雇われて働く以外の道を考えることもできずにいました。

いわゆる温室育ちだったので、「安心・安全が第一」という考えから抜け出すことができず、お金を稼ぐために躍起になることに対して「みっともない」という意識を持っていたそうです。

SNSで経済的に成功していることをアピールするインフルエンサーの投稿を目にするたび、うらやましさ半分、粗探しをしたい気持ち半分だったと言います。

あるとき、私のコーチング活動を知り、「お金への苦手意識を手放すワーク」（第4章）や「マンダラワーク」（第5章）をやってみたところ、自分でも驚くほどハマってしまい、自ら価値を提供してお金を生み出すことは素晴らしいと気づきました。

Aさんは現在、副業専門の起業塾で一生懸命学びつつ、オンライン秘書や動画編集の仕事を形にし始めていますが、本業の月収の半分くらいを稼ぐことができるようになり、将来の不安がなくなりました。

実例② 憧れの上場企業に転職したサラリーマンBさん

第一志望の企業に就職できなかったことにコンプレックスを持っていたBさんは、転職活動をしたいと思いつつ、なかなか行動に移すことができずにいました。

しかし、お金のメンタルブロックについて学ぶ中で、「これまでの人生は本当に自分が生きたい人生ではなく、失敗したときに傷つかないよう、自分を偽って本気を出すことを避けてきた」ということに気がつきました。

つまずきの原因は、大学時代の自己肯定感の低さにあり、本心を隠して就活をした結果、内定を出してくれた会社には誠に失礼ながら、「適当なところで手を打った感」があることにも気づいたようです。

本書で紹介したワークを通じて、自分をどんどん客観視できるようになり、本当に

やってみたいことにチャレンジする勇気も出てきたといいます。

そこで前向きに転職活動を始めたところ、学生時代に就職試験を受ける勇気が持てなかった上場企業の求人に出合い、無事に合格し転職することができました。

「メンタルブロックを外し、自分の本当の気持ちを知ることがいかに大切なのか、ワークを通じてよくわかった」とBさんは話してくれました。

実例③ 専業主婦から起業し、夫の年収を軽く超えたCさん

Cさんの家庭は、夫の収入だけで暮らすいわゆる「片働き家庭」でした。主婦であ

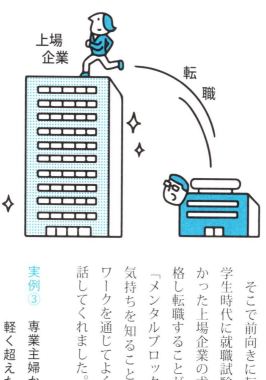

るCさんが働かなくて済むのは、楽ではあるものの、夫から渡される生活費は最低限だったため、Cさんが自分のために使えるお金はごくわずかでした。

子どもが成長し手がかからなくなっていくにつれて、Cさんは「自分で自由にできるお金を稼ぎたい」と思うようになってきました。それもパートやアルバイトではなく、自分の裁量でやれるスモールビジネスをしてみたくなったと言います。

そこで結婚前に貯めていた貯金を崩しながら、さまざまな起業塾でノウハウを学びましたが、結果には結びつきませんでした。

しまいには夫からも「そんなにお金を使ったけど、まだ何も実を結んでいないじゃないか。投資した分がそんなことで回収できるの？」とあきれられる始末です。

カチンときたCさんに変化が訪れたのは、私の考案したワークに出合ってからのことです。ワークを通じて「自分が稼ぐことで、自分と家族にもたらされるメリット」について腑に落ちた瞬間から行動に迷いがなくなり、人が変わったように大量の行動ができるようになったのです。

それから数年が経過した今、かつての自分のように「何かをやりたい」と思っている主婦の方々を相手に、ネット完結型のスモールビジネスを教える立場になり、夫の年収を軽く超えるほどになりました。

実例④　営業成績ビリから社内表彰されるまでになったセールスパーソンDさん

営業職に就いているDさんですが、自分の中に「営業＝売り込み＝嫌われる」というネガティブなイメージがありました。

そのため、客先に出向いて商品を勧めること自体がストレスになってしまい、仕事に身が入りません。

営業ができないセールスパーソンでは転職活動も厳しいだろうと思うと、自分が情けなく八方ふさがりの気持ちになっていたそうです。

そこで私はDさんに、自分がいい成績を収めることでお客さまや同僚、会社、自分の家族にとってどれくらいの恩恵になるのかということについて、腹落ちするまでワークをやってもらいました。

その結果、Dさんの持っていた「セールスに対する罪悪感」は「セールスしないことのほうが逆にお客さまにとって損失になる」という価値観に転換されたのです。

そうして営業成績がみるみる上がり、社内で表彰されるほどの結果を収めることができるようになりました。

実例⑤　散財癖が解消して投資ですっかり「貯蓄体質」になったEさん

Eさんは大企業に勤めるサラリーマンです。同年代の人に比べると給料は多いほうですが、貯金が極端に少ないという悩みがありました。

お金があればあるだけ使ってしまい、毎月、給料日前になると残高が1万円を切るというありさまでした。情けない自分を恥じる気持ちは強いものの、そうした思いも欲しい物を目の前にすると吹き飛んでしまうのです。

そんなEさんが自分を変えることができたのは、「貯蓄するメリット・貯蓄しないデメリット」のマンダラワーク（第5章）をしたのがきっかけでした。

最初にやってみたとき、「これを徹底して行えば、貯金のモチベーションが高まるかも！」と思ったEさん。腹落ちするまでマンダラワークを繰り返しました。

その結果、手取り収入の20％を天引き貯金と低リスクのインデックス投資に回すことができるようになりました。

Eさんはもともと収入は多いので、想定した以上に資産が増え始め、今ではすっかか

り「貯蓄体質」になったそうです。おかげで気持ちに余裕が生まれ、家族や会社の部下に対して以前よりも穏やかに接することができるようになりました。

実例⑥　自己肯定感が高まり、SNSフォロワーが3万人を突破したFさん

Fさんはフリーのカウンセラーです。

傷ついている人に寄り添い、勇気づけるカウンセリングを提供していきたいと考えていましたが、すでに市場には自分よりもキャリアと人気のあるカウンセラーがたくさんいるという現実に気づきます。

「私に相談するくらいなら、もっと有名な先生のところに行くに決まっている」としか考えられなくなり、宣伝・広報活動に熱が入らなくなってしまいました。

そんなときに私のコーチングを受け、前述した「偉人と自分を同一視するワーク」に取り組んだところ、自分にも有名カウンセラーと共通した「成功の種」があることを確信。

自信を持って行動できるようになり、今ではSNSのフォロワー数が3万人を超えるほどの人気カウンセラーになりました。

実例⑦ 事業が軌道に乗ってプライベートも充実した経営者Gさん

店舗経営者のGさんは、典型的な「人任せにできない人」でした。

その原因は未成年の頃、経営者だった父親が部下の横領と裏切りに遭って転落していく姿を見たことで、人が信用できなくなったことにありました。

そこで私はGさんに「お金への苦手意識を手放すワーク」(第4章)を提案。それを2〜3回繰り返してもらったところ、他者を過剰に疑う気持ちが解消しました。すると、部下に現場を任せることに抵抗がなくなり、店舗を増やしていけるようになりました。

今では人を信用して業務を任せることで、プライベートな時間も確保でき、家族とゆっくり過ごせるようになったということです。

いかがでしたでしょうか。お金に恵まれて豊かになった実例の中に、「自分に近い」と感じられる人はいましたか？

実例としてご紹介させていただいた方々は皆、お金のメンタルブロックが解消して、それぞれ自分にとっての「お金の最適解」「人生の最適解」をつかみ、自分本来の人生を歩み始めています。

それは、この本を手にしている、あなたの未来の姿でもあります。

未来は大きな可能性に満ちています。そのための一歩をぜひ踏み出してください。

おわりに　あなたはすでにお金持ちへの道の上にいる

この本を読み終えたあなたは、かつての「お金がない」が口癖のあなたではありません。

すでに自分が享受できるはずの豊かさが待っていることに気づいているからです。

あなたのお金の前提はすっかり変わっています。

心の奥底にあった「お金のメンタルブロック」が外れたことで、今、あなたの新しい人生が動き始めました。

これから先、どんな景色を見ることになるでしょうか。

私もおよそ10年前に同じ経験をしました。

物価の高いニューヨークで、人の家の天井に取りつけられた1・5m四方の箱の中でネズミと一緒に暮らしていた私が、今は世界中どこにでも好きな場所に住み、好きなところへ旅行できるまでになりました。

今、私の目の前に広がっているのは、かつての私からは想像もできなかったような世界です。刺激的な人に会い、知的好奇心が満たされ、次のビジネス展開に心躍らせる毎日を過ごしています。

経済的自由を得ることで、こんなにもさまざまなしがらみから解き放たれ、軽やかに生きられるとは思いもしませんでした。

もちろん、全員が全員、私と同じように海外を飛び回る生活をするのがいいと言っているわけではありません。

私にはそういう生き方が合っていただけで、1カ所に定住してスローライフをするのが快適と感じるのならば、それがその人には合っているということだと思います。

いずれにせよ明確に言えるのは、経済的自由を得ることで、「自分に合ったライフスタイルを選択できるようになる」ということです。素敵なことだと思いませんか？

その第一歩こそ、お金のメンタルブロックを外すことです。

繰り返しになりますが、今この世の中は「自分でお金を生み出す時代」に大きく変わりつつあります。

ぜひ、この本をあなたの貴重な第一歩を踏み出すきっかけにしていただければと思います。一度読んで「なるほど、わかった」で終わらせずに、ぜひ具体的な行動に移してください。そうすれば、あなたの未来は必ず変わります。

そして、目覚ましい変化があった人はSNSでぜひ多くの人にも共有してください。「#金のなる本」で投稿していただければうれしいです。そうして日本全体の意識を変えて、みんなでお金のメンタルブロックを解いていきましょう。

最後に、私の長年の課題を克服するきっかけとなったドクター・ジョン・ディマティーニと、「ディマティーニ・メソッド®」を日本に紹介してくださった「やる気研究所」の岩元貴久《いわもとたかひさ》さんに深く感謝します。

そして、この本を手に取ってくださった皆様、本当にありがとうございました。

皆様の人生が輝かしいものになりますように！

2024年9月吉日

三凜さとし

三凛さとし（さんりん　さとし）
SNS総フォロワー数40万人以上を誇る心理学・自己啓発系インフルエンサー。自身が開発した人生の五大自由（お金、時間、場所、人間関係、心身の健康）を実現するコーチングプログラムには、のべ15万人以上が参加。親子関係の心理学に関する初著書『親子の法則』（KADOKAWA）は発行部数6万部を超える。米テスラ社の創業者であるイーロン・マスクの母、メイ・マスクによる親子関係についての日本初公演にてインタビュアーを務める。大手新聞や雑誌、テレビにも多数出演。現在はポルトガルと日本の二拠点生活を送っている。

金《かね》のなる本《ほん》

誰《だれ》でも再現《さいげん》できる一生《いっしょう》お金《かね》に困《こま》らない方法《ほうほう》

2024年9月12日　初版発行

著者／三凛《さんりん》さとし

発行者／山下直久

発行／株式会社KADOKAWA
〒102-8177　東京都千代田区富士見2-13-3
電話　0570-002-301（ナビダイヤル）

印刷所／TOPPANクロレ株式会社

製本所／TOPPANクロレ株式会社

●お問い合わせ
https://www.kadokawa.co.jp/（「お問い合わせ」へお進みください）
※内容によっては、お答えできない場合があります。
※サポートは日本国内のみとさせていただきます。
※Japanese text only
定価はカバーに表示してあります。

ISBN 978-4-04-607124-8　C0030